Aplicaciones con Python e Interfaces con Wails

Desarrollo multiplataforma para aplicaciones modernas

Autores:
Martin Alejandro Oviedo
Colaboración especial: Daedalus

Publicado por:
Sello Independiente

Disponible en **Amazon Books** y **Amazon Kindle**

Frases inspiradoras

"La simplicidad es la clave para dominar la complejidad."
— **Linus Torvalds**, creador de Linux.

"El futuro del software está en las herramientas que empoderan a los desarrolladores para crear con facilidad y elegancia."
— **Marc Andreessen**, cofundador de Netscape y visionario de Silicon Valley.

"No es la tecnología la que cambia al mundo, sino lo que hacemos con ella."
— **Tim Berners-Lee**, inventor de la World Wide Web.

"Escribir código es un arte tanto como una ciencia. Cada línea tiene el potencial de cambiar vidas."
— **Elon Musk**, empresario y líder tecnológico.

ÍNDICE

Prefacio

- Propósito del libro: Una guía para programadores modernos.
- Público objetivo: ¿Para quién es este libro?
- Cómo usar este libro: Estructura, ejemplos y autoevaluaciones.

Introducción

1. El auge del desarrollo multiplataforma
   - La evolución de las aplicaciones de escritorio.
   - La convergencia entre frontend y backend.
2. Por qué Python y Wails son una gran combinación
   - Ventajas de Python: simplicidad y flexibilidad.
   - Ventajas de Wails: rendimiento y compatibilidad con Go.
   - Casos de uso ideales.

Parte 1: Historia y Fundamentos

1. Historia de Python
   - Origen, filosofía y crecimiento.
   - Python en el desarrollo moderno.
2. Historia de Wails
   - Cómo surgió y qué problema resuelve.

- Comparativa con tecnologías similares (Electron, Tauri).
- Ecosistema y comunidad.

Parte 2: Configuración e Instalación

1. Instalación de Python
   - En Windows, macOS y Linux.
   - Configuración de entornos virtuales con `venv` o herramientas como `conda`.
2. Instalación de Wails
   - Requisitos previos: Go, Node.js, y dependencias.
   - Guía paso a paso para Windows, macOS y Linux.
   - Solución de problemas comunes durante la instalación. 6.1 **Preparando el entorno de desarrollo (IDE)**
   - Selección del IDE adecuado: VS Code, PyCharm, IntelliJ IDEA, etc.
   - Instalación y configuración del IDE:
     - Extensiones para Go y Python.
     - Configuración de linters y depuradores.
   - Tips para productividad: atajos de teclado, herramientas adicionales.

Parte 3: Conceptos Básicos

1. Fundamentos de Wails
   - Estructura básica de un proyecto Wails.
   - Introducción a la CLI de Wails.

- Diferencias entre aplicaciones Wails y aplicaciones web tradicionales.
2. Integrando Python con Wails
    - Comunicación entre backend (Python) y frontend.
    - Usando WebSockets y APIs REST para la interacción.
    - Casos de estudio: pequeñas aplicaciones con ejemplos de código.

Parte 4: Diseñando Interfaces Hermosas

1. Principios del diseño de interfaces de usuario
    - Usabilidad y estética.
    - Uso de temas claros y oscuros.
2. Frameworks de frontend compatibles con Wails
    - Introducción a React, Vue y Svelte.
    - Cómo seleccionar el framework adecuado.
3. Creando interfaces avanzadas
    - Componentes interactivos como formularios, gráficos y tablas.
    - Usando bibliotecas de diseño como Material UI o TailwindCSS.

Parte 5: Ejemplos Prácticos

1. Proyecto 1: Gestor de Tareas
    - Backend en Python para gestionar tareas.
    - Frontend con Wails para una interfaz intuitiva.
    - Ejemplo con código y capturas de pantalla.
2. Proyecto 2: Visualizador de Datos

- Generar datos en Python con pandas o NumPy.
- Visualizarlos en el frontend usando gráficos interactivos.

3. Proyecto 3: Chatbot Local
    - Usar bibliotecas de Python como ChatterBot.
    - Crear una interfaz de chat elegante en Wails.

Parte 6: Publicación y Distribución

1. Empaquetado de aplicaciones Wails
    - Generar ejecutables para Windows, macOS y Linux.
    - Compresión con UPX y generación de instaladores con NSIS.

2. Distribución y mantenimiento
    - Subir aplicaciones a tiendas como Microsoft Store o App Store.
    - Actualización de aplicaciones y gestión de versiones.
    15.1 **Tips de optimización para Wails**
    - Minimización del tamaño del binario.
    - Mejorar el rendimiento: cacheo, concurrencia y optimización de comunicación.
    - Reducción de la latencia: estrategias para aplicaciones rápidas.

Parte 7: Retos y Autoevaluación

1. Retos prácticos
    - Ejercicios al final de cada capítulo con soluciones detalladas.

- Proyectos adicionales sugeridos para los lectores. 17.1 **Integración con APIs externas**
  - Introducción a APIs REST y su consumo en Wails.
  - Ejemplos prácticos:
    - AWS S3 para gestionar archivos.
    - Google Maps API para mapas interactivos.
  - Manejo de errores y reintentos.
2. Autoevaluación general
   - Preguntas y ejercicios que abarcan todo el libro.
   - Respuestas y explicaciones.

Parte 8: Recursos Finales

1. Preguntas Frecuentes
   - Instalación y configuración: soluciones a errores comunes.
   - Problemas de rendimiento y depuración.
   - Recursos adicionales y dónde buscar ayuda.
2. Glosario
   - Términos clave del libro.
3. Recursos útiles
   - Enlaces a documentación, tutoriales y comunidades.

Conclusión

- Reflexión sobre el aprendizaje y pasos a seguir.
- Inspiración para proyectos futuros.

Postfacio

- La evolución del desarrollo multiplataforma: un vistazo al futuro.
- Cómo contribuir al ecosistema de Wails y Python.

Agradecimientos

- Reconocimientos a colaboradores, comunidades y tecnologías destacadas.

Fin.

Prefacio

Propósito del libro: Una guía para programadores modernos

En el acelerado mundo del desarrollo de software, la capacidad de adaptarse y aprender nuevas herramientas es una habilidad esencial. Este libro nace con el propósito de servir como una guía completa y accesible para programadores interesados en combinar la potencia de Python con la versatilidad de Wails, creando aplicaciones modernas y multiplataforma.

Durante décadas, Python ha sido un lenguaje de programación preferido por su simplicidad y flexibilidad. A su vez, Wails ha emergido como una herramienta revolucionaria que permite a los desarrolladores construir aplicaciones de escritorio elegantes y funcionales, aprovechando tecnologías web modernas como React, Vue o Svelte. Esta combinación ofrece una oportunidad única: desarrollar interfaces hermosas con funcionalidades robustas, optimizadas tanto para principiantes como para expertos.

El objetivo principal de este libro es desmitificar estas herramientas y hacerlas accesibles para todos los niveles de experiencia. Desde estudiantes que recién comienzan en la programación, hasta desarrolladores experimentados que desean expandir sus horizontes, esta guía está diseñada para enseñar conceptos fundamentales y avanzados de manera clara, paso a paso, y con ejemplos prácticos que pueden aplicarse directamente en proyectos del mundo real.

Lo que encontrarás en este libro

Este libro no solo busca enseñarte cómo usar Python y Wails, sino también por qué estas herramientas son tan poderosas. A lo largo de sus capítulos, aprenderás:

- Los fundamentos de Python y Wails, explorando sus fortalezas individuales y la sinergia entre ambas.
- Cómo instalar, configurar y utilizar estas tecnologías en distintos sistemas operativos.
- Los principios del diseño de interfaces modernas, para que tus aplicaciones no solo funcionen bien, sino que también sean atractivas y fáciles de usar.
- Ejemplos prácticos que van desde pequeños proyectos hasta aplicaciones completas, con explicaciones detalladas que te permitirán entender cada paso del proceso.
- Ejercicios de autoevaluación al final de cada capítulo, diseñados para consolidar tu aprendizaje y ayudarte a aplicar lo que has aprendido.

¿Quién debería leer este libro?

El contenido de esta guía está pensado para ser útil a una amplia audiencia, incluyendo:

- **Principiantes:** Si estás dando tus primeros pasos en el mundo de la programación, encontrarás un enfoque amigable que explica los conceptos desde lo más básico.
- **Desarrolladores intermedios:** Si ya tienes experiencia programando pero nunca has usado Python con Wails, este libro te proporcionará una introducción sólida y práctica.
- **Expertos:** Incluso si ya trabajas con estas tecnologías, este libro puede ofrecerte nuevas ideas, técnicas avanzadas y tips de optimización.

Cómo usar este libro

El libro está estructurado para ser una experiencia de aprendizaje progresiva, donde cada capítulo construye sobre los conceptos del anterior. Sin embargo, también puedes usarlo como referencia, consultando temas específicos según lo necesites. A lo largo de la guía encontrarás:

- **Ejemplos prácticos:** Proyectos reales que puedes replicar y adaptar.
- **Autoevaluaciones:** Ejercicios y retos al final de cada capítulo para probar tus habilidades.
- **Recursos adicionales:** Enlaces, bibliotecas y herramientas que complementan lo aprendido.

Un enfoque en las personas

Más allá de la tecnología, este libro tiene un enfoque centrado en las personas. Las aplicaciones que desarrollarás no son solo ejercicios técnicos; están diseñadas para resolver problemas reales y ofrecer valor a los usuarios. De esta forma, no solo aprenderás a programar, sino también a pensar como un creador de soluciones.

Agradecimiento por unirte a este viaje

Embarcarse en el aprendizaje de una nueva tecnología siempre implica retos, pero también es una oportunidad emocionante de crecimiento personal y profesional. Agradecemos que hayas elegido este libro como tu guía y esperamos que te inspire a crear aplicaciones que marquen una diferencia. Al final del camino, más que solo escribir código, estarás desarrollando herramientas que tienen el poder de transformar ideas en realidad.

¡Bienvenido a un viaje donde la creatividad y la tecnología se encuentran para construir el futuro! 🌟

Público objetivo: ¿Para quién es este libro?

Este libro está diseñado para ser una guía accesible, práctica y útil para una amplia variedad de lectores. No importa si eres un principiante absoluto en el mundo de la programación o un desarrollador experimentado que busca nuevas herramientas para ampliar su conjunto de habilidades; este libro tiene algo para ti.

A continuación, se describen los perfiles principales para los que este libro ha sido pensado:

1. Programadores principiantes

Si estás dando tus primeros pasos en la programación, este libro es ideal para ti. Los conceptos se presentan de manera clara, con explicaciones detalladas y ejemplos prácticos que te permitirán aprender desde los fundamentos. A lo largo del libro, encontrarás una estructura progresiva que te guiará paso a paso, evitando tecnicismos complejos y asegurando que entiendas cada concepto antes de pasar al siguiente. Además, los ejercicios de autoevaluación al final de cada capítulo están diseñados para que consolides lo aprendido y ganes confianza al aplicar los conocimientos.

2. Desarrolladores intermedios

Si ya tienes experiencia programando y estás familiarizado con herramientas como Python o frameworks de frontend, este libro te ayudará a integrar estas habilidades con Wails. Descubrirás cómo conectar el poder de un backend robusto escrito en Python con interfaces modernas y atractivas creadas con Wails. Los ejemplos prácticos te permitirán explorar aplicaciones reales y aplicables al mundo profesional, mientras que las secciones avanzadas te enseñarán técnicas de optimización y mejores prácticas.

3. Expertos en tecnología

Para aquellos desarrolladores experimentados que ya tienen un conocimiento profundo de Python, tecnologías web o incluso Wails, este libro puede ofrecer nuevas perspectivas. Nos enfocamos en resolver problemas complejos de una manera eficiente, y exploramos cómo aprovechar al máximo las capacidades de ambas tecnologías. Los capítulos avanzados, como optimización, integración con APIs externas y empaquetado multiplataforma, están diseñados para profesionales que buscan dominar estas herramientas y utilizarlas en proyectos de alto impacto.

4. Entusiastas del diseño de interfaces

Si te apasiona el diseño de interfaces de usuario, este libro también es para ti. Aprenderás a construir aplicaciones con un diseño moderno y atractivo, usando bibliotecas populares como

Material UI o TailwindCSS. Además, se incluyen principios de diseño que te ayudarán a crear interfaces no solo visualmente agradables, sino también funcionales y fáciles de usar.

5. Educadores y estudiantes

Este libro es una excelente herramienta educativa. Para profesores, representa un material didáctico que pueden usar en cursos de desarrollo multiplataforma, Python avanzado o diseño de interfaces. Para estudiantes, es una fuente confiable para aprender de manera autónoma y fortalecer su portafolio con proyectos tangibles.

6. Profesionales de otras áreas que desean aprender programación

Este libro también es accesible para personas que no trabajan directamente en tecnología pero que desean aprender a programar para solucionar problemas específicos o automatizar tareas. La claridad del lenguaje y los ejemplos prácticos hacen que sea fácil de seguir, incluso sin una formación técnica previa.

Un libro para todos los niveles

La estructura del libro está diseñada para guiar a los principiantes, desafiar a los intermedios y aportar valor a los expertos. Creemos que la programación debe ser accesible para todos, y por eso nos aseguramos de evitar jerga innecesaria y explicamos los conceptos de manera didáctica, usando ejemplos que resuenen con la experiencia y los intereses de cada lector.

Este es un libro pensado para ser tu compañero de aprendizaje, independientemente de tu punto de partida. ¿Estás listo para aprender, crecer y construir algo increíble? ¡Empecemos juntos!

Cómo usar este libro: Estructura, ejemplos y autoevaluaciones

Este libro está diseñado como una guía práctica y progresiva que te llevará desde los conceptos más básicos hasta las aplicaciones más avanzadas utilizando Python y Wails. La estructura del libro, junto con los ejemplos y ejercicios, está pensada para facilitar el aprendizaje y permitirte aplicar lo que aprendas a proyectos reales. Aquí te explicamos cómo aprovechar al máximo este recurso:

Estructura del libro

El contenido está organizado en secciones que cubren de manera integral todo el proceso de aprender y dominar Python y Wails. La división por partes facilita enfocarte en temas específicos según tus necesidades o nivel de experiencia.

1. **Historia y fundamentos:** Te proporcionará un contexto sólido sobre las tecnologías que usarás, cómo surgieron y por qué son relevantes hoy en día.
2. **Configuración e instalación:** Incluye pasos detallados para instalar Python y Wails en diferentes sistemas operativos, junto con la preparación de tu entorno de desarrollo.
3. **Conceptos básicos y avanzados:** Aprenderás desde los fundamentos de Python y Wails hasta técnicas avanzadas de integración y optimización.
4. **Diseño de interfaces:** Una parte completa dedicada a crear aplicaciones visualmente atractivas y funcionales, combinando diseño y usabilidad.

5. **Proyectos prácticos:** Encontrarás ejemplos reales de aplicaciones que te permitirán consolidar tus conocimientos mientras construyes algo tangible.
6. **Publicación y distribución:** Te guiaremos en el proceso de empaquetar y distribuir tus aplicaciones para que otros puedan utilizarlas.
7. **Evaluaciones y desafíos:** Al final de cada capítulo, podrás poner a prueba tus conocimientos con ejercicios y preguntas diseñadas para afianzar lo aprendido.

Ejemplos prácticos

Cada concepto presentado en el libro está acompañado de ejemplos prácticos cuidadosamente seleccionados. Estos ejemplos no solo explican cómo funcionan las herramientas, sino también cómo aplicarlas en situaciones reales. Los ejemplos incluyen:

- **Códigos explicados paso a paso:** Cada fragmento de código viene con una explicación detallada para que entiendas su propósito y funcionamiento.
- **Imágenes y diagramas:** Los visuales te ayudarán a comprender la estructura de los proyectos y el flujo de trabajo.
- **Aplicaciones completas:** Algunos capítulos culminan en proyectos funcionales que puedes replicar y adaptar a tus propias necesidades.

Ejercicios y autoevaluaciones

Al final de cada capítulo, encontrarás una sección de ejercicios prácticos y preguntas de autoevaluación diseñadas para reforzar tu aprendizaje. Estas secciones tienen tres objetivos principales:

1. **Consolidar conceptos:** Al practicar lo aprendido, aseguras que los conocimientos se fijen en tu memoria.
2. **Aplicar en proyectos reales:** Algunos ejercicios te desafiarán a implementar lo aprendido en situaciones inspiradas en el mundo real.
3. **Evaluar tu progreso:** Las preguntas al final de cada capítulo incluyen respuestas detalladas para que puedas comparar tus soluciones y comprender cualquier error.

Ejemplo de la estructura de las autoevaluaciones:

- **Preguntas conceptuales:** Evalúan tu comprensión teórica de los temas tratados.
- **Retos prácticos:** Te desafían a escribir código y construir pequeñas aplicaciones.
- **Soluciones explicadas:** Cada ejercicio viene con una solución paso a paso para que no solo veas la respuesta correcta, sino que también comprendas el razonamiento detrás de ella.

Cómo sacarle el máximo provecho al libro

- **Avanza a tu propio ritmo:** Aunque el libro está diseñado de manera progresiva, puedes saltar entre capítulos según tus intereses o necesidades.

- **Practica con regularidad:** No te limites a leer; ejecuta los ejemplos, experimenta con el código y realiza los ejercicios.
- **Adapta los proyectos:** Usa las aplicaciones prácticas como base para crear tus propias soluciones, adaptándolas a tus proyectos o necesidades.
- **Consulta los recursos adicionales:** A lo largo del libro encontrarás enlaces y referencias a documentación oficial, bibliotecas útiles y comunidades de soporte que complementarán tu aprendizaje.

Este libro es más que una colección de capítulos; es una experiencia de aprendizaje diseñada para que avances con confianza desde lo básico hasta lo avanzado. Cada lección, ejemplo y ejercicio tiene un propósito: ayudarte a convertirte en un desarrollador más hábil, eficiente y creativo.

Ahora que tienes un mapa claro de cómo navegar por este libro, estás listo para empezar esta emocionante aventura. ¡Comencemos!

Introducción

1. El auge del desarrollo multiplataforma

En un mundo cada vez más digital, el desarrollo de aplicaciones de escritorio ha experimentado una transformación significativa. Las herramientas modernas permiten a los desarrolladores crear software que funcione en múltiples sistemas operativos sin sacrificar el rendimiento, la estética ni la funcionalidad. Este capítulo te ayudará a comprender cómo hemos llegado al desarrollo multiplataforma y por qué es esencial en la actualidad.

La evolución de las aplicaciones de escritorio

Durante décadas, las aplicaciones de escritorio han sido una parte crucial del ecosistema tecnológico. Desde programas básicos para tareas de oficina hasta herramientas avanzadas para diseño gráfico, edición de video o análisis de datos, el software de escritorio ha desempeñado un papel fundamental en nuestras vidas. Sin embargo, su desarrollo ha cambiado radicalmente a lo largo del tiempo:

1. **Primera generación: aplicaciones nativas puras**
   Originalmente, las aplicaciones de escritorio se desarrollaban utilizando lenguajes y herramientas específicas para cada sistema operativo. Por ejemplo:

   - **Windows:** Usaba lenguajes como C++ y frameworks como Win32.
   - **macOS:** Se apoyaba en Objective-C y, más tarde, en Swift.
   - **Linux:** Ofrecía opciones como GTK y Qt.

   Aunque este enfoque permitía crear software altamente optimizado, tenía una gran desventaja: los desarrolladores debían escribir y mantener versiones separadas para cada plataforma, duplicando esfuerzos y aumentando los costos.

2. **Segunda generación: frameworks multiplataforma**
   Con el tiempo, surgieron frameworks que permitieron a los desarrolladores crear aplicaciones que funcionaran en múltiples plataformas desde un solo código base. Ejemplos de estas herramientas incluyen:

   - **Java (Swing, JavaFX):** Ofrecía un enfoque multiplataforma basado en la máquina virtual de Java.
   - **Qt:** Permitía diseñar interfaces gráficas reutilizables en diferentes sistemas operativos.

- **Electron:** Introdujo la posibilidad de usar tecnologías web como HTML, CSS y JavaScript para construir aplicaciones de escritorio.

Aunque estos frameworks redujeron la carga de trabajo, a menudo requerían sacrificar rendimiento o añadir dependencias voluminosas, como motores de renderizado web completos.

3. **La nueva era: el desarrollo eficiente y multiplataforma**

Hoy en día, herramientas como **Wails** y lenguajes como **Go y Python** ofrecen una alternativa ligera y moderna. Permiten a los desarrolladores:

- Usar tecnologías web para crear interfaces atractivas.
- Conectar estas interfaces con potentes backends escritos en lenguajes de alto rendimiento.
- Distribuir aplicaciones en Windows, macOS y Linux sin las limitaciones de frameworks más antiguos.

Este enfoque representa la convergencia entre simplicidad, rendimiento y versatilidad.

La convergencia entre frontend y backend

El desarrollo de software moderno está redefiniendo las fronteras entre el frontend y el backend, áreas que tradicionalmente estaban separadas. Ahora, herramientas como **Wails** permiten unir lo mejor de ambos mundos, creando aplicaciones que combinan:

1. **Frontend moderno:**

Tecnologías web como React, Vue o Svelte se usan para construir interfaces interactivas, con diseños modernos y responsivos. Estas herramientas destacan por:

- Facilitar el diseño de experiencias de usuario intuitivas.

- Ofrecer bibliotecas y frameworks que agilizan el desarrollo.

2. **Backend robusto:**

    Lenguajes como Python y Go proporcionan la potencia necesaria para manejar la lógica, la seguridad y el rendimiento de las aplicaciones. Usar un backend independiente permite:

    - Gestionar procesos intensivos como el análisis de datos o la interacción con hardware.
    - Integrar APIs externas y manejar grandes volúmenes de datos de manera eficiente.

3. **Comunicación fluida:**

    Tecnologías como WebSockets o APIs REST permiten que el frontend y el backend trabajen en armonía. Con Wails, esta comunicación es directa, optimizada y fácil de implementar.

El impacto del desarrollo multiplataforma

La capacidad de crear una sola aplicación que funcione en múltiples sistemas operativos tiene múltiples ventajas:

- **Mayor alcance:** Los usuarios pueden ejecutar tu aplicación en Windows, macOS o Linux sin problemas.
- **Eficiencia:** Un único código base significa menos tiempo de desarrollo y mantenimiento.
- **Consistencia:** Las aplicaciones ofrecen la misma experiencia de usuario en todas las plataformas.

Wails y Python se convierten así en herramientas poderosas para cualquier desarrollador que desee construir aplicaciones de escritorio modernas con un enfoque multiplataforma.

Este capítulo nos introduce a las bases que sustentan el desarrollo multiplataforma. En el siguiente, exploraremos por qué Python y Wails son una combinación tan poderosa para aprovechar estas ventajas.

Por qué Python y Wails son una gran combinación

Python y Wails representan una sinergia poderosa en el mundo del desarrollo de aplicaciones de escritorio. Por un lado, Python ofrece simplicidad y flexibilidad, mientras que Wails destaca por su rendimiento y compatibilidad multiplataforma. Juntos, permiten a los desarrolladores construir aplicaciones modernas, rápidas y funcionales, sin complicaciones innecesarias.

Ventajas de Python: simplicidad y flexibilidad

Python es uno de los lenguajes de programación más populares y versátiles del mundo. Sus características lo convierten en una excelente opción para manejar la lógica del backend en aplicaciones desarrolladas con Wails:

1. **Fácil de aprender y usar:**
    La sintaxis de Python es clara y fácil de entender, incluso para personas que están comenzando a programar. Esto reduce la curva de aprendizaje y permite a los desarrolladores centrarse en resolver problemas, en lugar de luchar con el lenguaje.

    Ejemplo:

    ```python
    def saludar(nombre):
        return f"Hola, {nombre}!"
    print(saludar("Mundo"))
    ```

Este fragmento muestra cómo Python permite escribir código legible y eficiente con pocas líneas.

2. **Bibliotecas y ecosistema extensos:**
   Python cuenta con una vasta colección de bibliotecas que simplifican tareas comunes, como:
   - Análisis de datos con **pandas** y **NumPy**.
   - Interacción con APIs mediante **requests**.
   - Inteligencia artificial y aprendizaje automático con **TensorFlow** y **scikit-learn**. Esto hace que sea posible agregar funcionalidad avanzada a tus aplicaciones con un mínimo esfuerzo.

3. **Multiplataforma y portable:**
   Python funciona en todos los sistemas operativos principales (Windows, macOS y Linux), lo que lo convierte en una opción ideal para aplicaciones de escritorio que deben ejecutarse en diferentes entornos.

4. **Fuerte integración con otras tecnologías:**
   Python se combina fácilmente con otros lenguajes y herramientas, lo que permite integrarlo sin problemas con Wails, facilitando la comunicación entre el frontend y el backend.

Ventajas de Wails: rendimiento y compatibilidad con Go

Wails es un framework moderno que se basa en Go para ofrecer un rendimiento excepcional y compatibilidad multiplataforma. Es una herramienta ligera, eficiente y diseñada para desarrolladores que buscan crear aplicaciones rápidas y atractivas.

1. **Rendimiento sobresaliente:**
   Gracias a su núcleo basado en Go, Wails genera aplicaciones rápidas y con un uso mínimo de recursos. Esto contrasta con otros frameworks, como Electron, que tienden a consumir más memoria debido a sus motores de renderizado integrados.

2. **Ligero y sin dependencias externas:**
   A diferencia de soluciones como Electron, Wails no requiere incluir un navegador completo en cada aplicación. Esto reduce drásticamente el tamaño del ejecutable final.

3. **Compatibilidad multiplataforma:**
   Wails permite crear aplicaciones que funcionan en Windows, macOS y Linux desde un solo código base. Además, aprovecha los motores de renderizado nativos del sistema operativo, garantizando un aspecto consistente y profesional.

4. **Facilidad de uso:**
   Con su CLI (Interfaz de Línea de Comandos) intuitiva, Wails simplifica tareas comunes como la creación de nuevos proyectos, la compilación de aplicaciones y la generación de binarios para distintos sistemas operativos.

5. **Integración fluida con tecnologías web:**
   Wails permite utilizar frameworks frontend modernos como React, Vue y Svelte, proporcionando una experiencia de usuario rica e interactiva. La comunicación con el backend es directa y eficiente, lo que resulta ideal para aplicaciones de alto rendimiento.

Casos de uso ideales

Python y Wails juntos ofrecen una combinación ideal para aplicaciones que requieren una interfaz moderna y una lógica robusta en el backend. Aquí algunos ejemplos:

1. **Aplicaciones de análisis de datos:**
   - **Python:** Maneja la lógica pesada, procesando grandes volúmenes de datos con bibliotecas como **pandas** o **NumPy**.
   - **Wails:** Presenta resultados visuales atractivos mediante gráficos interactivos creados con frameworks como Chart.js o D3.js.

2. **Herramientas de productividad:**
   - **Python:** Automatiza tareas y maneja operaciones complejas, como el procesamiento de archivos o el manejo de bases de datos.
   - **Wails:** Ofrece una interfaz amigable para que los usuarios interactúen con estas herramientas.

3. **Aplicaciones empresariales:**
   - **Python:** Se conecta con APIs externas, gestiona la lógica de negocio y garantiza la seguridad de los datos.
   - **Wails:** Permite diseñar interfaces modernas que mejoran la experiencia del usuario, como dashboards personalizados o sistemas de gestión.

4. **Aplicaciones creativas:**
   - **Python:** Genera contenido dinámico, como imágenes o música.
   - **Wails:** Facilita la creación de interfaces interactivas para editores gráficos o plataformas creativas.

Una combinación ganadora

El equilibrio entre la simplicidad de Python y el rendimiento de Wails proporciona una solución completa para desarrollar aplicaciones de escritorio modernas. Ya sea que estés construyendo una herramienta personal, un producto comercial o una solución empresarial, esta combinación te permitirá lograrlo de manera eficiente y con resultados sobresalientes.

En los próximos capítulos, exploraremos cómo configurar estas herramientas, aprovechar sus ventajas y desarrollar aplicaciones que aprovechen al máximo esta poderosa combinación.

Parte 1: Historia y Fundamentos

Historia de Python

Python, uno de los lenguajes de programación más influyentes y utilizados en la actualidad, tiene una historia fascinante que refleja su evolución desde un lenguaje sencillo para principiantes hasta convertirse en una herramienta esencial para desarrolladores de todo el mundo.

Origen, filosofía y crecimiento

1. **El nacimiento de Python**
   Python fue creado a finales de la década de 1980 por **Guido van Rossum**, un programador holandés que trabajaba en el Centrum Wiskunde & Informatica (CWI) en los Países Bajos. Su objetivo era diseñar un lenguaje que fuera fácil de aprender, flexible y capaz de manejar tareas complejas sin complicaciones innecesarias.

- El desarrollo comenzó en **1989** y la primera versión pública, Python 1.0, se lanzó en **1991**.
- El nombre "Python" no proviene del animal, sino del grupo de comedia británico **Monty Python's Flying Circus**, que Guido encontraba inspirador por su humor peculiar y creativo.

2. **La filosofía de Python**

La filosofía de Python se centra en la claridad y la simplicidad. Esto se resume en el famoso **"Zen de Python"**, una colección de principios diseñados para guiar a los desarrolladores:

- **"Lo simple es mejor que lo complejo."**
- **"La legibilidad cuenta."**
- **"Hay una, y preferiblemente solo una, manera obvia de hacerlo."**

Estos principios han moldeado tanto la sintaxis como la comunidad de Python, fomentando una cultura de colaboración y facilidad de uso.

3. **Evolución del lenguaje**

Python ha pasado por varias etapas importantes en su desarrollo:

- **Python 1.x (1991-2000):** Introdujo características fundamentales como estructuras de datos (listas, diccionarios) y manejo de excepciones.
- **Python 2.x (2000-2010):** Ampliamente adoptado, agregó soporte para Unicode y nuevas bibliotecas estándar. Sin embargo, la falta de compatibilidad con versiones posteriores llevó a la decisión de descontinuarlo.
- **Python 3.x (2008-presente):** Representó una reescritura significativa, enfocándose en la consistencia y la modernización del lenguaje. Aunque inicialmente tuvo una adopción lenta, ahora es la

versión dominante.

4. **Crecimiento exponencial**
   Python ha experimentado un crecimiento constante gracias a su versatilidad y facilidad de uso. Hoy en día, es uno de los lenguajes más populares en áreas como:
   - Desarrollo web (con frameworks como Django y Flask).
   - Ciencia de datos y aprendizaje automático.
   - Automatización y scripting.
   - Desarrollo de videojuegos y aplicaciones.

Python en el desarrollo moderno

En el mundo actual, Python es mucho más que un lenguaje de programación: es una herramienta fundamental en el panorama tecnológico.

1. **Un lenguaje para todos**
   Python se utiliza en una variedad de campos, desde la enseñanza básica de programación hasta proyectos científicos avanzados. Algunas razones de su popularidad incluyen:
   - Su curva de aprendizaje es baja, lo que lo hace ideal para principiantes.
   - Su sintaxis simple fomenta el desarrollo rápido y la colaboración entre equipos.

2. **El poder de sus bibliotecas y frameworks**
   Python cuenta con un ecosistema robusto que incluye miles de bibliotecas diseñadas para casi cualquier tarea imaginable:
   - **Análisis de datos: pandas, NumPy, Matplotlib**.

- **Inteligencia artificial: TensorFlow**, **PyTorch**, scikit-learn.
- **Desarrollo web: Django**, **Flask**.
- **Automatización: Selenium**, pyautogui.

3. **Python en la comunidad global**

   Python tiene una de las comunidades más grandes y activas del mundo. Los desarrolladores contribuyen constantemente al lenguaje, sus bibliotecas y herramientas. Además, la comunidad organiza eventos como **PyCon**, que fomenta el aprendizaje y la colaboración.

4. **Compatibilidad con otras tecnologías**

   En el desarrollo moderno, Python se destaca por integrarse fácilmente con otros lenguajes, herramientas y plataformas. Esto lo hace una opción ideal para proyectos que requieren flexibilidad, como aquellos que combinan tecnologías modernas como Wails.

Python como cimiento del futuro

La evolución de Python y su adopción masiva en la industria tecnológica lo han establecido como una herramienta indispensable para desarrolladores de todos los niveles. Desde su nacimiento hasta su lugar destacado en el desarrollo moderno, Python sigue cumpliendo con su propósito original: ser un lenguaje simple, potente y accesible para todos.

En el próximo capítulo, exploraremos la historia de Wails y cómo este framework complementa las fortalezas de Python para crear aplicaciones de escritorio modernas y multiplataforma.

Historia de Wails

Wails es un framework moderno diseñado para simplificar la creación de aplicaciones de escritorio multiplataforma, combinando la potencia del backend de Go con tecnologías web para el frontend. Su historia refleja la búsqueda de una solución ligera, eficiente y moderna que aborde las limitaciones de otros frameworks.

Cómo surgió Wails

1. **El problema inicial:**
   Antes del surgimiento de Wails, los desarrolladores de aplicaciones de escritorio se enfrentaban a importantes desafíos:
   - **Frameworks pesados:** Herramientas como Electron ofrecían flexibilidad, pero requerían incluir un navegador completo en cada aplicación, aumentando drásticamente el tamaño del ejecutable y el consumo de recursos.
   - **Falta de integración nativa:** Muchos frameworks no ofrecían soporte completo para integrar características nativas del sistema operativo, como menús contextuales, accesos directos o efectos visuales modernos.
   - **Duplicidad de esfuerzos:** Crear aplicaciones para múltiples sistemas operativos requería escribir y mantener código separado para cada plataforma.

2. **La visión detrás de Wails:**
   Wails fue creado para abordar estas limitaciones, ofreciendo un framework ligero que permitiera a los desarrolladores:

- Usar herramientas web modernas (HTML, CSS, JavaScript) para construir interfaces de usuario atractivas.
- Integrar la potencia y el rendimiento de Go para manejar la lógica del backend.
- Generar ejecutables pequeños y eficientes que aprovechan los motores de renderizado nativos del sistema operativo.

3. **Lanzamiento y evolución:**
   - Wails fue presentado inicialmente como una alternativa ligera a frameworks como Electron y Tauri.
   - Desde su primera versión, ha ganado tracción entre los desarrolladores gracias a su enfoque en la simplicidad y el rendimiento.
   - Actualmente, Wails está en su segunda generación (v2), con mejoras significativas en funcionalidad, estabilidad y compatibilidad multiplataforma.

Qué hace único a Wails

1. **Ligereza y eficiencia:**
   A diferencia de frameworks más voluminosos, Wails no incluye un motor de renderizado web completo (como Chromium en Electron). En su lugar, utiliza los motores nativos del sistema operativo:
   - En Windows, se apoya en **WebView2**.
   - En macOS, utiliza **WKWebView**.
   - En Linux, se basa en **WebKitGTK**.

   Esto reduce considerablemente el tamaño del ejecutable y optimiza el uso de recursos.

2. **Filosofía de simplicidad:**
   Wails adopta un enfoque minimalista que se centra en hacer fácil la creación de aplicaciones sin sacrificar funcionalidad. Sus comandos básicos permiten:
   - Inicializar proyectos rápidamente.
   - Compilar aplicaciones para distintas plataformas con facilidad.
   - Integrar frontends modernos como React, Vue o Svelte.

3. **Integración con Go:**
   El uso de Go como lenguaje backend proporciona a Wails un rendimiento superior y capacidades avanzadas, como concurrencia nativa, manejo de errores robusto y un ecosistema amplio de bibliotecas.

4. **Soporte para elementos nativos:**
   Wails permite incluir características nativas del sistema operativo, como:
   - Menús contextuales personalizados.
   - Notificaciones del sistema.
   - Modos claro y oscuro, y efectos de transparencia.

La comunidad y el ecosistema de Wails

1. **Crecimiento y adopción:**
   Aunque es una herramienta relativamente nueva, Wails ha ganado una comunidad activa de desarrolladores que contribuyen con ejemplos, extensiones y mejoras al framework.

2. **Proyectos destacados:**
   El sitio oficial de Wails y su repositorio de GitHub incluyen una lista de aplicaciones desarrolladas con el framework, que abarca desde utilidades simples hasta soluciones

empresariales complejas.
3. **Soporte y documentación:**
Wails se destaca por su documentación clara y sus recursos educativos, que facilitan la adopción incluso para desarrolladores que no tienen experiencia previa con Go.

El impacto de Wails en el desarrollo moderno

El enfoque de Wails en la ligereza y la eficiencia está redefiniendo cómo los desarrolladores abordan el desarrollo de aplicaciones de escritorio. Sus ventajas lo hacen ideal para:

- Crear aplicaciones pequeñas y rápidas, como utilidades personales o herramientas empresariales.
- Diseñar interfaces modernas que sean compatibles con múltiples plataformas.
- Integrar tecnologías avanzadas del backend con frontends visualmente atractivos.

En el próximo capítulo, comenzaremos a explorar cómo instalar y configurar Python, Go y Wails en distintos sistemas operativos, sentando las bases para crear aplicaciones con este poderoso combo.

Parte 2: Configuración e Instalación

La instalación y configuración de Python, Go y Wails es el primer paso para comenzar a desarrollar aplicaciones con estas herramientas. Este capítulo te guiará paso a paso para asegurarte de que tu entorno de desarrollo esté correctamente configurado, independientemente de tu sistema operativo.

Instalación de Python

Python es el lenguaje que utilizaremos para manejar la lógica del backend en nuestras aplicaciones. A continuación, se explica cómo instalarlo en los sistemas operativos más comunes:

1. Instalación en Windows

1. **Descargar Python:**
    - Visita el sitio oficial de Python: python.org.
    - Dirígete a la sección de descargas y selecciona la versión más reciente compatible con tu sistema operativo.
2. **Ejecutar el instalador:**
    - Haz doble clic en el archivo descargado.
    - **Importante:** Marca la casilla que dice **"Add Python to PATH"** antes de continuar con la instalación.
3. **Configurar Python:**
    - Una vez instalado, abre la línea de comandos (CMD) y ejecuta:

    ```
    python --version
    ```

    Esto confirmará que Python está instalado y disponible en tu sistema.
4. **Opcional: Configurar un entorno virtual:**
    - Es una buena práctica usar entornos virtuales para gestionar dependencias específicas de cada proyecto.

    ```
    python -m venv mi_entorno
    mi_entorno\Scripts\activate
    ```

2. Instalación en macOS

1. **Usar Homebrew (recomendado):**
   - Si no tienes Homebrew instalado, primero instálalo ejecutando este comando en la terminal:

     ```
     /bin/bash -c "$(curl -fsSL https://raw.githubusercontent.com/Homebrew/install/HEAD/install.sh)"
     ```

   - Luego, instala Python:

     ```
     brew install python
     ```

2. **Verificar la instalación:**
   - Confirma que Python está instalado correctamente:

     ```
     python3 --version
     ```

3. **Crear un entorno virtual:**
   - Activa un entorno virtual para gestionar dependencias:

     ```
     python3 -m venv mi_entorno
     source mi_entorno/bin/activate
     ```

3. Instalación en Linux

1. **Usar el gestor de paquetes del sistema:**
   - Para distribuciones basadas en Debian (como Ubuntu), ejecuta:

```
sudo apt update
sudo apt install python3 python3-venv
```

- Para distribuciones basadas en Red Hat (como Fedora), usa:

```
sudo dnf install python3
```

2. **Verificar la instalación:**
   - Comprueba la versión de Python:

   ```
   python3 --version
   ```

3. **Crear un entorno virtual:**
   - Activa un entorno virtual:

   ```
   python3 -m venv mi_entorno
   source mi_entorno/bin/activate
   ```

Instalación de Go

Go es el lenguaje en el que se basa Wails, y será esencial para compilar nuestras aplicaciones. Aquí están los pasos para instalarlo:

1. Instalación en Windows

1. **Descargar Go:**
   - Visita el sitio oficial de Go: golang.org.
   - Descarga el instalador para Windows y ejecútalo.
2. **Configurar PATH:**
   - Durante la instalación, asegúrate de que el instalador configure automáticamente las variables de entorno.

3. **Verificar la instalación:**
    - Abre CMD y ejecuta:

    ```
    go version
    ```

    Deberías ver la versión de Go instalada.

2. Instalación en macOS

1. **Usar Homebrew (recomendado):**
    - Instala Go con Homebrew:

    ```
    brew install go
    ```

2. **Verificar la instalación:**
    - Confirma que Go está instalado:

    ```
    go version
    ```

3. **Configurar el espacio de trabajo:**
    - Crea una carpeta para tus proyectos Go (por ejemplo, `~/go`).
    - Asegúrate de que la variable `GOPATH` esté configurada correctamente.

3. Instalación en Linux

1. **Usar el gestor de paquetes del sistema:**
    - Para distribuciones basadas en Debian:

    ```
    sudo apt update
    sudo apt install golang
    ```

- Para distribuciones basadas en Red Hat:

  ```
  sudo dnf install golang
  ```

2. **Verificar la instalación:**
   - Ejecuta:

     ```
     go version
     ```

3. **Configurar el espacio de trabajo:**
   - Sigue el mismo procedimiento que en macOS para configurar el `GOPATH`.

Instalación de Wails

Wails se instala como una herramienta CLI (Interfaz de Línea de Comandos) utilizando Go. Los pasos son los mismos para todos los sistemas operativos:

1. **Instalar Wails:**
   - Usa el siguiente comando para instalar la CLI de Wails:

     ```
     go install github.com/wailsapp/wails/v2/cmd/wails@latest
     ```

2. **Verificar la instalación:**
   - Comprueba que Wails se instaló correctamente:

     ```
     wails version
     ```

3. **Preparar tu proyecto:**
   - Crea un nuevo proyecto para confirmar que todo está listo:

```
wails init
```

4. **Instalar dependencias adicionales:**
   - En Windows, instala WebView2 desde [Microsoft Edge WebView2](#).

Resolución de problemas comunes

1. **Python no reconocido como comando:**
   - Asegúrate de haber añadido Python al PATH durante la instalación.
2. **Error al instalar Wails:**
   - Verifica que Go esté configurado correctamente y que la versión sea compatible con Wails (Go 1.19 o superior).
3. **Problemas de permisos en Linux o macOS:**
   - Usa `sudo` si encuentras problemas al instalar herramientas.

En el siguiente capítulo, aprenderemos sobre la estructura básica de un proyecto Wails y cómo comenzar a desarrollar tu primera aplicación.

Parte 2: Configuración e Instalación

1. Instalación de Python

Antes de empezar a desarrollar aplicaciones con Python y Wails, es fundamental asegurarse de que Python esté correctamente instalado y configurado en tu sistema. En esta sección, aprenderás cómo instalar Python en los sistemas operativos más comunes y cómo configurar entornos virtuales para gestionar dependencias de manera eficiente.

Instalación de Python

Python está disponible para los principales sistemas operativos: Windows, macOS y Linux. Aquí encontrarás instrucciones paso a paso para cada uno.

En Windows

1. **Descargar el instalador de Python**
    - Ve al sitio oficial de Python: https://www.python.org/downloads/.
    - Descarga la última versión estable para Windows (generalmente un archivo `.exe`).

2. **Ejecutar el instalador**
    - Abre el archivo descargado.
    - **Importante:** Marca la casilla **"Add Python to PATH"** antes de continuar, para que Python se pueda usar desde cualquier lugar en la línea de comandos.

3. **Seguir los pasos de instalación**
    - Elige la opción **"Install Now"** para una instalación rápida.

- Opcionalmente, selecciona **"Customize installation"** para ajustar características, como incluir herramientas de desarrollo.

4. **Verificar la instalación**
   - Abre una terminal (CMD o PowerShell) y escribe:

     ```
     python --version
     ```

     Deberías ver la versión de Python instalada, por ejemplo,

     ```
     Python 3.11.5
     ```

.

En macOS

1. **Verificar si Python ya está instalado**
   - macOS incluye una versión de Python preinstalada (usualmente Python 2.x). Sin embargo, para desarrollo moderno, necesitas Python 3.x.
   - Abre la terminal y escribe:

     ```
     python3 --version
     ```

2. **Instalar Python usando Homebrew**
   - Si no tienes Homebrew, instálalo ejecutando este comando en la terminal:

     ```
     /bin/bash -c "$(curl -fsSL https://raw.githubusercontent.com/Homebrew/install/HEAD/install.sh)"
     ```

   - Luego, instala Python:

```
brew install python
```

3. **Verificar la instalación**
    - En la terminal, escribe:

    ```
    python3 --version
    ```

    Esto confirmará que Python 3 está instalado correctamente.

En Linux

1. **Verificar si Python ya está instalado**
    - La mayoría de las distribuciones de Linux vienen con Python preinstalado. Para comprobarlo, abre una terminal y escribe:

    ```
    python3 --version
    ```

2. **Instalar Python si es necesario**
    - En distribuciones basadas en Debian/Ubuntu:

    ```
    sudo apt update
    sudo apt install python3
    ```

    - En distribuciones basadas en Red Hat/Fedora:

    ```
    sudo dnf install python3
    ```

3. **Actualizar Python (opcional)**
    Si deseas instalar una versión más reciente que la que ofrece tu sistema operativo, puedes usar **pyenv**:

```
curl https://pyenv.run | bash
pyenv install 3.x.x
pyenv global 3.x.x
```

Configuración de entornos virtuales

Los entornos virtuales te permiten aislar las dependencias de cada proyecto, evitando conflictos y facilitando la gestión de librerías.

Con `venv` (método nativo de Python)

1. **Crear un entorno virtual**
   - Navega a la carpeta de tu proyecto en la terminal y escribe:

     ```
     python -m venv venv
     ```

     Esto creará una carpeta llamada

     ```
     venv
     ```

     en tu proyecto.

2. **Activar el entorno virtual**
   - En Windows:

     ```
     venv\Scripts\activate
     ```

   - En macOS/Linux:

     ```
     source venv/bin/activate
     ```

3. **Instalar dependencias dentro del entorno virtual**

- Mientras el entorno esté activado, usa

  ```
  pip
  ```

  para instalar paquetes:

  ```
  pip install nombre_del_paquete
  ```

4. **Desactivar el entorno virtual**
   - Cuando termines de trabajar, desactiva el entorno con:

     ```
     deactivate
     ```

Con Conda (alternativa popular)

1. **Instalar Conda**
   - Descarga e instala Miniconda o Anaconda desde https://conda.io.
   - Sigue las instrucciones específicas para tu sistema operativo.

2. **Crear un entorno virtual**
   - Usa el comando:

     ```
     conda create --name nombre_entorno python=3.x
     ```

3. **Activar el entorno**
   - Escribe:

     ```
     conda activate nombre_entorno
     ```

4. **Instalar paquetes en el entorno**

- Puedes usar

    ```
    conda
    ```

    o

    ```
    pip
    ```

    para instalar librerías:

    ```
    conda install nombre_paquete
    ```

5. **Desactivar el entorno**
    - Sal del entorno con:

    ```
    conda deactivate
    ```

Con Python instalado y configurado, y los entornos virtuales listos, estarás preparado para comenzar a desarrollar tus proyectos de forma ordenada y profesional. En el próximo capítulo, veremos cómo instalar Wails y configurarlo para aprovechar al máximo sus capacidades.

2. Instalación de Wails

Wails es el framework que permite combinar la potencia del backend con Go y la flexibilidad de tecnologías web en el frontend. Para instalarlo correctamente, es necesario preparar algunos componentes esenciales y seguir pasos específicos para cada sistema operativo. En esta sección, cubriremos los requisitos previos, el proceso de instalación y cómo resolver problemas comunes que pueden surgir.

Requisitos previos: Go, Node.js y dependencias

Antes de instalar Wails, asegúrate de cumplir con los siguientes requisitos:

1. **Go (Golang):**
    - Wails requiere una versión reciente de Go, preferiblemente **1.19 o superior**.
    - Descarga e instala Go desde su sitio oficial: https://go.dev/dl/.

    Verifica la instalación:

    ```
    go version
    ```

    Deberías obtener algo como: `go version go1.x.x darwin/amd64`.

2. **Node.js y npm:**
    - Wails utiliza Node.js para gestionar dependencias del frontend.
    - Descarga la última versión LTS de Node.js desde: https://nodejs.org/.

    Verifica la instalación:

    ```
    node -v
    npm -v
    ```

    Ambas deben mostrar versiones instaladas correctamente.

3. **WebView2 (solo en Windows):**
    - Windows requiere el controlador **WebView2 Runtime**, que se instala automáticamente si usas Microsoft Edge actualizado. Si no, puedes descargarlo desde: https://developer.microsoft.com/en-us/micros

oft-edge/webview2/.

4. **Compiladores adicionales:**
   - En Linux, asegúrate de tener herramientas de compilación como `gcc` y `make`.

   Instala en Debian/Ubuntu:

   ```
   sudo apt install build-essential
   ```

   En Fedora/Red Hat:

   ```
   sudo dnf groupinstall "Development Tools"
   ```

Guía paso a paso para instalar Wails

En Windows

1. **Instalar Wails CLI:**
   - Abre una terminal (CMD, PowerShell o terminal de VS Code) y escribe:

   ```
   go install github.com/wailsapp/wails/v2/cmd/wails@latest
   ```

   - Esto instalará el comando `wails` en el directorio bin de Go.

2. **Verificar la instalación:**
   - Escribe:

   ```
   wails doctor
   ```

Este comando analiza tu entorno y muestra si faltan dependencias. Si todo está correcto, verás el mensaje "Your system is ready for Wails development!".

3. **Iniciar un proyecto Wails:**
   - Crea un nuevo proyecto con:

   ```
   wails init
   ```

   - Sigue las instrucciones para elegir un template (como React, Vue, Svelte o Vanilla JS).

En macOS

1. **Instalar Wails CLI:**
   - Abre la terminal y ejecuta:

   ```
   go install github.com/wailsapp/wails/v2/cmd/wails@latest
   ```

2. **Verificar la instalación:**
   - Comprueba con:

   ```
   wails doctor
   ```

   Asegúrate de que todas las dependencias estén instaladas.

3. **Crear un proyecto:**
   - Usa el comando:

   ```
   wails init
   ```

En Linux

1. **Instalar Wails CLI:**
   - Abre una terminal y ejecuta:

   ```
   go install github.com/wailsapp/wails/v2/cmd/wails@latest
   ```

2. **Instalar dependencias adicionales:**
   - Algunas distribuciones requieren bibliotecas como `libwebkit2gtk-4.0-dev`.
   - Instálalas con:

   ```
   sudo apt install libwebkit2gtk-4.0-dev
   ```

3. **Verificar la instalación:**
   - Ejecuta:

   ```
   wails doctor
   ```

   - Si todo está correcto, estarás listo para desarrollar con Wails.

4. **Crear un proyecto:**
   - Usa el comando:

   ```
   wails init
   ```

Solución de problemas comunes durante la instalación

1. **Error: `wails` no se reconoce como comando:**

- Asegúrate de que el binario de Go esté en tu `PATH`. Revisa si tu variable `GOPATH` está correctamente configurada.

2. **Dependencias faltantes:**
   - Si `wails doctor` reporta que faltan dependencias como `webView2` o `libwebkit2gtk`, instálalas según las instrucciones específicas para tu sistema operativo.

3. **Errores en la compilación:**
   - Asegúrate de que todas las herramientas de compilación (como `gcc` o `make`) estén instaladas.
   - Actualiza Go, Node.js o npm si tienes versiones antiguas.

6.1 Preparando el entorno de desarrollo (IDE)

Selección del IDE adecuado

Elegir un buen IDE facilita enormemente el desarrollo. Las opciones más recomendadas son:

1. **Visual Studio Code (VS Code):**
   - Ligero, gratuito y ampliamente utilizado.
   - Ideal para trabajar con Go, Python y frontend.

2. **PyCharm (Community o Professional):**
   - Excelente para desarrollo en Python.
   - La versión Professional admite integración con JavaScript y frontend.

3. **IntelliJ IDEA:**
   - Completo y robusto, soporta múltiples lenguajes y tecnologías.

Instalación y configuración del IDE

1. **Extensiones necesarias:**
   - Para Go:
     - **Go (by Go Team at Google):** Facilita la escritura de código, autocompletado y depuración.
   - Para Python:
     - **Python (by Microsoft):** Proporciona soporte para ejecutar y depurar scripts.
   - Para frontend:
     - **ESLint:** Analiza y corrige errores en código JavaScript.
     - **Prettier:** Formateador para HTML, CSS y JavaScript.

2. **Configuración de linters y depuradores:**
   - En Go:
     - Instala herramientas de análisis como

       ```
       golangci-lint
       ```

       :

       ```
       go install github.com/golangci/golangci-lint/cmd/golangci-lint@latest
       ```

   - En Python:
     - Configura `pylint` o `flake8` para análisis de código.

3. **Integración con Wails:**

- Usa la terminal integrada del IDE para ejecutar comandos como `wails init` o `wails build`.

Tips para productividad

1. **Atajos de teclado esenciales:**
   - VS Code:
     - Abrir la terminal: `Ctrl + ~`
     - Buscar archivos: `Ctrl + P`
   - PyCharm:
     - Ejecutar código: `Shift + F10`
     - Depurar: `Shift + F9`
2. **Herramientas adicionales:**
   - **Docker:** Para configurar entornos aislados.
   - **GitLens:** Extensión de VS Code para visualizar cambios en el código.

Con Wails y el entorno de desarrollo configurados, estás listo para comenzar a crear aplicaciones modernas y multiplataforma. En el próximo capítulo, exploraremos los fundamentos de Wails y cómo usar su CLI para iniciar tus primeros proyectos.

Parte 3: Conceptos Básicos

1. Fundamentos de Wails

Para aprovechar todo el potencial de Wails, es importante comprender cómo funciona su estructura, qué herramientas proporciona y cómo se diferencia de otros enfoques tradicionales. En este capítulo, exploraremos los fundamentos que te permitirán desarrollar aplicaciones con confianza y eficiencia.

Estructura básica de un proyecto Wails

Un proyecto creado con Wails tiene una estructura organizada que facilita la integración entre el backend (Go) y el frontend (tecnologías web). Esta estructura se genera automáticamente al usar el comando `wails init`.

Carpetas y archivos principales:

1. `frontend/`:
   Contiene el código del frontend, como HTML, CSS, JavaScript o archivos de frameworks (React, Vue, Svelte). Esta carpeta es esencial para construir la interfaz de usuario.

   - `frontend/dist`: Generado después de construir el frontend (`npm run build`). Contiene los archivos estáticos que se servirán a través de Wails.

2. `main.go`:
   Es el archivo principal del backend escrito en Go. Define cómo se comportará la aplicación, maneja la configuración y gestiona la lógica del servidor.

3. `go.mod`:
   Archivo de módulo de Go que gestiona las dependencias del proyecto.

4. `wails.json`:
   Archivo de configuración de Wails. Incluye información sobre el proyecto, como el nombre de la aplicación, la versión y el modo de desarrollo.

5. **Otras carpetas:**
   - `build/`: Archivos relacionados con la construcción de la aplicación para diferentes sistemas operativos.
   - `cmd/`: Código adicional para comandos personalizados.

Ejemplo de estructura de un proyecto Wails:

```
mi-proyecto/
├── build/
├── cmd/
├── frontend/
│   ├── dist/
│   ├── src/
│   └── package.json
├── main.go
├── go.mod
├── wails.json
```

Introducción a la CLI de Wails

La interfaz de línea de comandos (CLI) de Wails es una herramienta poderosa que facilita la gestión y construcción de proyectos. A continuación, te mostramos los comandos más importantes:

1. `wails init`:
   Inicia un nuevo proyecto Wails. Te guía a través de la configuración inicial, permitiéndote elegir un framework frontend (React, Vue, etc.) o usar una plantilla básica.

   Ejemplo:

```
wails init
```

2. **wails dev:**
   Inicia el modo de desarrollo. Este comando:
   - Ejecuta la aplicación en una ventana nativa.
   - Detecta cambios en el código y actualiza automáticamente la aplicación.

   Ejemplo:

   ```
   wails dev
   ```

3. **wails build:**
   Compila la aplicación para su distribución, generando un ejecutable que incluye tanto el backend como el frontend.

   Ejemplo:

   ```
   wails build
   ```

4. **wails doctor:**
   Analiza tu entorno de desarrollo y verifica si faltan dependencias o configuraciones.

   Ejemplo:

   ```
   wails doctor
   ```

5. **wails help:**
   Muestra una lista completa de comandos y opciones disponibles.

   Ejemplo:

   ```
   wails help
   ```

Diferencias entre aplicaciones Wails y aplicaciones web tradicionales

Aunque Wails utiliza tecnologías web para construir el frontend, las aplicaciones Wails tienen diferencias fundamentales respecto a las aplicaciones web convencionales.

1. **Modo de ejecución:**
    - **Aplicaciones Wails:** Se ejecutan como aplicaciones de escritorio nativas. No dependen de un navegador externo, sino que usan motores de renderizado nativos (WebView).
    - **Aplicaciones web:** Requieren un navegador para ejecutarse.
2. **Acceso al sistema operativo:**
    - **Aplicaciones Wails:** Tienen acceso completo al sistema operativo, permitiendo interactuar con archivos, sistemas de notificación, configuraciones nativas, etc.
    - **Aplicaciones web:** Están limitadas al contexto del navegador y suelen tener restricciones de acceso al sistema.
3. **Empaquetado:**
    - **Aplicaciones Wails:** Se distribuyen como ejecutables independientes, empaquetando tanto el backend como el frontend en un solo archivo.
    - **Aplicaciones web:** Normalmente, el backend y el frontend se despliegan en servidores y se acceden a través de un navegador.
4. **Rendimiento:**

- **Aplicaciones Wails:** Ofrecen un rendimiento superior, ya que el backend utiliza Go, un lenguaje altamente eficiente.
- **Aplicaciones web:** Dependen de la velocidad de la conexión a internet y de la infraestructura del servidor.

5. **Uso de recursos:**
   - **Aplicaciones Wails:** Consumen menos memoria que soluciones como Electron, ya que no incluyen navegadores completos en el ejecutable.
   - **Aplicaciones web:** No consumen recursos locales, pero requieren un navegador para ejecutarse.

Cuándo elegir Wails:

- Si necesitas una aplicación multiplataforma con acceso al sistema operativo.
- Si buscas empaquetar tu aplicación como un ejecutable independiente.
- Si deseas un rendimiento superior y tiempos de carga más rápidos.

Con estos fundamentos, ya conoces cómo está estructurado un proyecto Wails, cómo usar su CLI y en qué se diferencia de otros enfoques tradicionales. En el próximo capítulo, exploraremos cómo integrar Python con Wails para crear aplicaciones robustas y modernas.

Parte 3: Conceptos Básicos

2. Integrando Python con Wails

Uno de los aspectos más potentes de Wails es su capacidad para combinar la lógica del backend escrita en lenguajes como Python con un frontend moderno desarrollado en frameworks web. En este capítulo, exploraremos cómo lograr esta integración efectiva, utilizando WebSockets y APIs REST para la comunicación. Además, desarrollaremos pequeñas aplicaciones para ilustrar estos conceptos.

Comunicación entre backend (Python) y frontend

En un proyecto Wails, el frontend actúa como la interfaz de usuario y el backend se encarga de la lógica. Cuando se utiliza Python como backend, se necesitan herramientas y técnicas específicas para establecer una comunicación fluida entre ambos componentes.

Opciones principales de comunicación:

1. **APIs REST:**
    - Usan HTTP para que el frontend y el backend intercambien datos mediante solicitudes y respuestas.
    - Ideal para aplicaciones donde las interacciones son más puntuales o basadas en eventos.
2. **WebSockets:**
    - Proporcionan una conexión bidireccional en tiempo real entre el frontend y el backend.
    - Ideal para aplicaciones que requieren actualizaciones en vivo, como chats o sistemas de monitoreo.

Usando WebSockets y APIs REST para la interacción

1. APIs REST

Backend (Python):
Usaremos **Flask**, un framework ligero, para crear un servidor REST.

Ejemplo básico de servidor REST:

```python
from flask import Flask, jsonify, request

app = Flask(__name__)

# Endpoint para obtener un mensaje
@app.route('/api/mensaje', methods=['GET'])
def obtener_mensaje():
    return jsonify({"mensaje": "¡Hola desde el backend de Python!"})

# Endpoint para enviar datos
@app.route('/api/enviar', methods=['POST'])
def enviar_datos():
    datos = request.json
    return jsonify({"respuesta": f"Datos recibidos: {datos}"})

if __name__ == '__main__':
    app.run(port=5000)
```

Frontend (Wails):
Utilizaremos `fetch` para comunicarnos con el backend.

```javascript
async function obtenerMensaje() {
  const respuesta = await fetch('http://localhost:5000/api/mensaje');
  const datos = await respuesta.json();
```

```javascript
    console.log(datos.mensaje);
}

async function enviarDatos() {
  const respuesta = await fetch('http://localhost:5000/api/enviar', {
    method: 'POST',
    headers: {
      'Content-Type': 'application/json',
    },
    body: JSON.stringify({ nombre: 'Wails', lenguaje: 'Python' }),
  });
  const datos = await respuesta.json();
  console.log(datos.respuesta);
}
```

2. WebSockets

Backend (Python):

Usaremos **Flask-SocketIO** para implementar WebSockets.

```python
from flask import Flask
from flask_socketio import SocketIO, emit

app = Flask(__name__)
socketio = SocketIO(app)

@socketio.on('mensaje')
def manejar_mensaje(data):
    print(f"Mensaje recibido: {data}")
    emit('respuesta', {'mensaje': f"Respuesta desde el backend: {data}"})

if __name__ == '__main__':
    socketio.run(app, port=5000)
```

Frontend (Wails):

Usaremos la API de WebSockets en JavaScript.

```javascript
const socket = new WebSocket('ws://localhost:5000');

socket.onopen = () => {
  console.log('Conexión establecida');
  socket.send(JSON.stringify({ mensaje: 'Hola desde el frontend' }));
};

socket.onmessage = (event) => {
  const datos = JSON.parse(event.data);
  console.log(datos.mensaje);
};
```

Casos de estudio: pequeñas aplicaciones con ejemplos de código

1. Calculadora básica (API REST)

Descripción:

El frontend envía números al backend, que realiza la operación y devuelve el resultado.

Backend (Python):

```python
@app.route('/api/calcular', methods=['POST'])
def calcular():
    datos = request.json
    operacion = datos.get('operacion')
    a, b = datos.get('a'), datos.get('b')
    if operacion == 'suma':
        resultado = a + b
    elif operacion == 'resta':
        resultado = a - b
    else:
        resultado = 'Operación no válida'
    return jsonify({"resultado": resultado})
```

Frontend (Wails):

```javascript
async function calcular(operacion, a, b) {
  const respuesta = await fetch('http://localhost:5000/api/calcular', {
    method: 'POST',
    headers: {
      'Content-Type': 'application/json',
    },
    body: JSON.stringify({ operacion, a, b }),
  });
  const datos = await respuesta.json();
  console.log(`Resultado: ${datos.resultado}`);
}
```

2. Notificaciones en tiempo real (WebSockets)

Descripción:
El backend envía notificaciones en tiempo real al frontend cuando detecta un evento.

Backend (Python):

```python
import time
from threading import Thread

def enviar_notificaciones():
    while True:
        time.sleep(5)
        socketio.emit('notificacion', {'mensaje': 'Nueva notificación'})

notificaciones_hilo = Thread(target=enviar_notificaciones)
notificaciones_hilo.start()
```

Frontend (Wails):

```javascript
socket.onmessage = (event) => {
  const datos = JSON.parse(event.data);
  console.log(`Notificación recibida: ${datos.mensaje}`);
};
```

3. Chat en tiempo real (WebSockets)

Descripción:
El frontend y el backend intercambian mensajes de chat en tiempo real.

Backend (Python):

```python
@socketio.on('mensaje')
def manejar_mensaje(data):
    emit('mensaje', {'texto': data['texto']}, broadcast=True)
```

Frontend (Wails):

```javascript
socket.onmessage = (event) => {
  const datos = JSON.parse(event.data);
  console.log(`Mensaje recibido: ${datos.texto}`);
};

function enviarMensaje(texto) {
  socket.send(JSON.stringify({ texto }));
}
```

Conclusión

La integración de Python con Wails proporciona una plataforma poderosa para desarrollar aplicaciones de escritorio modernas, con lógica robusta en el backend y una interfaz dinámica en el frontend. Ya sea mediante APIs REST para solicitudes puntuales o WebSockets para interacciones en tiempo real, puedes construir aplicaciones eficientes y atractivas.

En el próximo capitulo, exploraremos cómo diseñar interfaces hermosas utilizando frameworks web compatibles con Wails, como React, Vue o Svelte.

Parte 4: Diseñando Interfaces Hermosas

1. Principios del diseño de interfaces de usuario

La interfaz de usuario (UI) es el puente que conecta al usuario con la funcionalidad de una aplicación. Diseñar interfaces hermosas no solo implica hacerlas atractivas visualmente, sino también garantizar que sean funcionales, intuitivas y accesibles. En esta sección, exploraremos los principios fundamentales que te ayudarán a crear aplicaciones de escritorio modernas y elegantes con Wails.

Usabilidad y estética

Una buena interfaz debe equilibrar la usabilidad (qué tan fácil es para el usuario interactuar con la aplicación) y la estética (qué tan agradable es visualmente). A continuación, se describen los principios clave:

1. Usabilidad

1. **Claridad:**
   Los usuarios deben entender rápidamente cómo funciona tu aplicación. Utiliza etiquetas claras, botones bien identificados y estructuras familiares.
   - **Ejemplo:** En un formulario, usa etiquetas descriptivas como "Nombre" en lugar de "Entrada 1".

2. **Consistencia:**
   Mantén patrones consistentes en toda la aplicación. Por ejemplo:
   - Usa los mismos colores para acciones similares (verde para confirmar, rojo para cancelar).
   - Establece una tipografía uniforme para títulos y contenido.

3. **Accesibilidad:**
   Diseña pensando en usuarios con diversas habilidades:
   - Asegúrate de que los textos sean legibles con tamaños adecuados.
   - Usa contraste suficiente entre texto y fondo.
   - Implementa soporte para navegación por teclado.

4. **Retroalimentación inmediata:**
   Los usuarios necesitan saber que sus acciones tuvieron un efecto.

- **Ejemplo:** Si presionan un botón para enviar un formulario, muestra un mensaje de "Enviando..." seguido de "Formulario enviado con éxito".

5. **Minimiza la carga cognitiva:**
   Presenta solo la información necesaria en cada momento, evitando sobrecargar al usuario con opciones o datos irrelevantes.

2. Estética

1. **Diseño limpio y minimalista:**
   Menos es más. Evita agregar elementos decorativos innecesarios que distraigan de la funcionalidad principal.
   - **Ejemplo:** Usa espacios en blanco para separar secciones y guiar la atención del usuario.

2. **Uso adecuado de colores:**
   - Los colores deben reflejar el propósito de la aplicación. Por ejemplo:
     - Tonos azules para confianza y profesionalismo.
     - Colores vibrantes para aplicaciones creativas.
   - Limita la paleta de colores a 3-5 tonos para mantener consistencia.

3. **Tipografía atractiva y legible:**
   - Usa fuentes modernas y bien diseñadas. Evita las tipografías recargadas o difíciles de leer.
   - Combina tamaños de fuente para jerarquizar la información: títulos grandes, subtítulos medianos y texto principal pequeño.

4. **Animaciones y transiciones suaves:**
   - Agrega movimientos sutiles que hagan que la interacción sea fluida.

- **Ejemplo:** Botones que cambian de color al pasar el cursor o ventanas que aparecen con un deslizamiento suave.

Uso de temas claros y oscuros

El soporte para temas claros y oscuros se ha vuelto esencial en aplicaciones modernas, permitiendo a los usuarios elegir el estilo visual que prefieran. Además de ser estéticamente atractivo, este enfoque mejora la accesibilidad al adaptarse a diferentes condiciones de iluminación y preferencias personales.

Beneficios de los temas claros y oscuros

1. **Mejor legibilidad:**
   - Los temas claros son ideales para entornos bien iluminados, ya que evitan el esfuerzo ocular.
   - Los temas oscuros son más cómodos en ambientes con poca luz, reduciendo la fatiga visual.
2. **Estética moderna:**
   Los temas oscuros suelen percibirse como elegantes y profesionales, mientras que los temas claros son más clásicos y tradicionales.
3. **Ahorro de energía:**
   En pantallas OLED, los píxeles oscuros consumen menos energía, lo que beneficia a los dispositivos móviles.

Cómo implementar temas en Wails

Wails permite cambiar temas en tiempo real utilizando CSS y configuraciones en el frontend.

Ejemplo básico de CSS para temas:

```css
/* Tema claro */
:root {
  --color-fondo: #ffffff;
  --color-texto: #000000;
  --color-primario: #007bff;
}

/* Tema oscuro */
[data-tema="oscuro"] {
  --color-fondo: #181818;
  --color-texto: #ffffff;
  --color-primario: #00bcd4;
}

/* Aplicar los colores */
body {
  background-color: var(--color-fondo);
  color: var(--color-texto);
}

button {
  background-color: var(--color-primario);
  color: var(--color-texto);
}
```

Ejemplo de JavaScript para cambiar el tema:

```javascript
function cambiarTema(tema) {
  document.documentElement.setAttribute('data-tema', tema);
}

// Cambiar a tema oscuro
cambiarTema('oscuro');

// Cambiar a tema claro
cambiarTema('claro');
```

Integración con Wails:

- Usa eventos en el backend para guardar la preferencia del usuario y aplicarla al iniciar la aplicación.

Backend en Go:

```go
func GuardarTema(tema string) {
    // Guardar la preferencia del usuario (por ejemplo, en un archivo o base de datos)
    fmt.Println("Tema guardado:", tema)
}
```

Frontend en JavaScript:

```javascript
window.backend.GuardarTema('oscuro');
```

Ejemplo práctico: Aplicación con soporte de temas

1. **Descripción:**
   - Una simple aplicación de notas con soporte para temas claros y oscuros.
2. **Frontend:**

- Usa HTML y CSS para los temas.
- Agrega botones para alternar entre los modos.

3. **Backend:**
   - Guarda la configuración del tema seleccionado en un archivo JSON.

4. **Resultado:**
   - La aplicación recordará la preferencia del usuario y ajustará el tema automáticamente al abrir.

Conclusión

El diseño de interfaces hermosas no es solo una cuestión de estética, sino también de funcionalidad y accesibilidad. Al aplicar principios de usabilidad y aprovechar el soporte de temas claros y oscuros, puedes crear aplicaciones que no solo se vean bien, sino que también sean agradables de usar.

En el próximo capítulo, exploraremos cómo elegir y trabajar con frameworks frontend compatibles con Wails, como React, Vue o Svelte, para llevar tus diseños al siguiente nivel.

Parte 4: Diseñando Interfaces Hermosas

2. Frameworks de frontend compatibles con Wails

El éxito de una interfaz de usuario moderna y funcional depende en gran medida del framework frontend que elijas. Wails permite integrar frameworks populares como **React**, **Vue** y **Svelte**, que ofrecen herramientas avanzadas para crear interfaces dinámicas, interactivas y atractivas.

En esta sección, exploraremos estos frameworks, sus características principales y cómo elegir el que mejor se adapte a tus necesidades.

Introducción a React, Vue y Svelte

React

1. **Descripción:**
   React es una biblioteca de JavaScript desarrollada por Facebook para construir interfaces de usuario basadas en componentes. Es ideal para aplicaciones complejas que requieren actualizaciones frecuentes del DOM.

2. **Características principales:**
   - **Componentes reutilizables:** React promueve la creación de pequeñas piezas de interfaz que se combinan para formar aplicaciones más grandes.
   - **Virtual DOM:** Mejora el rendimiento al actualizar solo las partes del DOM que cambian.
   - **Enorme ecosistema:** Incluye herramientas como **React Router** para manejar rutas y **Redux** para la gestión del estado.
   - **Compatibilidad con TypeScript:** Soporte completo para tipado estático.

3. **Ventajas:**
   - Gran comunidad y recursos educativos.
   - Compatible con proyectos de cualquier escala.
   - Ideal para desarrolladores familiarizados con JavaScript moderno (ES6+).

4. **Caso de uso ideal:**
   Aplicaciones grandes y dinámicas como dashboards, sistemas de gestión y tiendas en línea.

Vue

1. **Descripción:**
   Vue es un framework progresivo diseñado para ser fácil de aprender y flexible, combinando las mejores ideas de React y Angular.

2. **Características principales:**
   - **Facilidad de uso:** Ofrece una curva de aprendizaje suave gracias a su sintaxis intuitiva.
   - **Componentes reactivos:** La reactividad integrada permite que los cambios en los datos actualicen automáticamente la interfaz.
   - **Ecosistema integrado:** Herramientas como **Vue Router** y **Vuex** facilitan la navegación y el manejo del estado.

3. **Ventajas:**
   - Ideal para principiantes y proyectos que crecen con el tiempo.
   - Documentación clara y completa.
   - Flexible: permite tanto integración gradual como desarrollo de aplicaciones completas.

4. **Caso de uso ideal:**
   Aplicaciones medianas a grandes, como blogs interactivos, paneles administrativos y herramientas de edición.

Svelte

1. **Descripción:**
   Svelte es un framework revolucionario que lleva el trabajo del frontend al momento de la compilación, eliminando el uso del Virtual DOM y generando código eficiente.

2. **Características principales:**
   - **Compilación:** Convierte tu código en JavaScript altamente optimizado, mejorando el rendimiento.
   - **Sintaxis limpia:** Todo lo necesario para construir componentes está en un solo archivo.
   - **Ligero:** Produce aplicaciones con menor tamaño y mejor velocidad.
3. **Ventajas:**
   - Alto rendimiento, incluso en dispositivos con pocos recursos.
   - Ideal para desarrolladores que buscan simplicidad sin sacrificar potencia.
   - Comunidad creciente con contribuciones activas.
4. **Caso de uso ideal:**
   Aplicaciones pequeñas o medianas que requieren tiempos de carga rápidos, como aplicaciones móviles y widgets interactivos.

Cómo seleccionar el framework adecuado

Elegir el framework correcto depende de varios factores, incluyendo la complejidad de tu aplicación, tu nivel de experiencia y las necesidades específicas de tu proyecto.

1. **Complejidad del proyecto:**
   - **Aplicaciones pequeñas:** Svelte es una excelente opción debido a su simplicidad y eficiencia.
   - **Aplicaciones medianas:** Vue ofrece un equilibrio entre facilidad de uso y potencia.

- **Aplicaciones grandes:** React es ideal para proyectos con múltiples vistas y componentes complejos.

2. **Curva de aprendizaje:**
    - **Sencillo para principiantes:** Vue es el framework más accesible para quienes están empezando.
    - **Familiaridad con JavaScript:** React y Svelte son más adecuados si ya tienes experiencia con JavaScript moderno.

3. **Ecosistema y herramientas:**
    - React cuenta con el ecosistema más grande y maduro, ideal para proyectos que necesitan muchas integraciones.
    - Vue tiene un ecosistema integrado que facilita el desarrollo.
    - Svelte se centra en el rendimiento, pero su ecosistema aún está en crecimiento.

4. **Rendimiento y tamaño del archivo:**
    - Svelte produce las aplicaciones más ligeras y rápidas.
    - Vue y React son más robustos, pero sus aplicaciones suelen ser más grandes.

Comparación entre frameworks

Característica	React	Vue	Svelte
Curva de aprendizaje	Media	Baja	Media
Ecosistema	Amplio y maduro	Integrado y cohesivo	En crecimiento
Rendimiento	Bueno	Bueno	Excelente

Característica	React	Vue	Svelte
Tamaño del archivo final	Mayor	Medio	Menor
Comunidad	Muy grande	Grande	En crecimiento
Ideal para	Grandes aplicaciones	Aplicaciones de tamaño medio	Aplicaciones pequeñas y rápidas

Conclusión

Cada framework tiene fortalezas y debilidades que lo hacen más adecuado para ciertos tipos de proyectos. Si buscas potencia y flexibilidad para aplicaciones grandes, **React** es tu mejor opción. Si prefieres algo más accesible y fácil de implementar, **Vue** es ideal. Para quienes valoran el rendimiento y la simplicidad, **Svelte** es difícil de superar.

En el próximo capítulo, exploraremos cómo crear interfaces avanzadas utilizando estos frameworks, aprovechando bibliotecas de diseño como Material UI o TailwindCSS para mejorar aún más la apariencia y funcionalidad de tus aplicaciones.

Parte 4: Diseñando Interfaces Hermosas

3. Creando interfaces avanzadas

Una interfaz avanzada no solo debe ser visualmente atractiva, sino también interactiva y funcional. En este capítulo, exploraremos cómo construir componentes esenciales como formularios, gráficos y tablas. Además, aprenderemos a integrar bibliotecas de diseño como **Material UI** o **TailwindCSS** para elevar la estética y usabilidad de nuestras aplicaciones.

Componentes interactivos

1. Formularios

Los formularios son fundamentales para recolectar datos de los usuarios. Con los frameworks frontend compatibles con Wails, puedes diseñar formularios reactivos y dinámicos.

Ejemplo de un formulario con React:

```
import React, { useState } from 'react';

function Formulario() {
  const [nombre, setNombre] = useState('');
  const [email, setEmail] = useState('');

  const handleSubmit = (event) => {
    event.preventDefault();
    console.log(`Nombre: ${nombre}, Email: ${email}`);
  };

  return (
    <form onSubmit={handleSubmit}>
      <label>
        Nombre:
        <input
          type="text"
          value={nombre}
```

```
            onChange={(e) =>
setNombre(e.target.value)}
          />
      </label>
      <label>
        Email:
        <input
          type="email"
          value={email}
          onChange={(e) => setEmail(e.target.value)}
        />
      </label>
        <button type="submit">Enviar</button>
    </form>
  );
}

export default Formulario;
```

Puntos clave:

- Usa estados locales (`useState`) para manejar los datos.
- Valida los datos antes de enviarlos al backend.
- Integra estilos con TailwindCSS para mejorar la apariencia.

Estilo del formulario con TailwindCSS:

```
<form class="space-y-4 bg-white p-6 shadow-md rounded">
  <div>
    <label class="block text-sm font-medium text-gray-700">Nombre</label>
    <input
      type="text"
      class="mt-1 block w-full rounded-md border-gray-300 shadow-sm focus:ring-indigo-500 focus:border-indigo-500"
    />
```

```html
    </div>
    <div>
      <label class="block text-sm font-medium text-gray-700">Email</label>
      <input
        type="email"
        class="mt-1 block w-full rounded-md border-gray-300 shadow-sm focus:ring-indigo-500 focus:border-indigo-500"
      />
    </div>
    <button
      type="submit"
      class="bg-indigo-600 text-white py-2 px-4 rounded hover:bg-indigo-700"
    >
      Enviar
    </button>
  </form>
```

2. Gráficos

Los gráficos son excelentes para visualizar datos de manera efectiva. Bibliotecas como **Chart.js** o **Recharts** facilitan la creación de gráficos interactivos en aplicaciones frontend.

Ejemplo con Recharts (React):

```
import { LineChart, Line, XAxis, YAxis, CartesianGrid, Tooltip, Legend } from 'recharts';

const datos = [
  { nombre: 'Enero', valor: 400 },
  { nombre: 'Febrero', valor: 300 },
  { nombre: 'Marzo', valor: 500 },
];

function Grafico() {
```

```jsx
  return (
    <LineChart
      width={500}
      height={300}
      data={datos}
      margin={{ top: 5, right: 20, left: 10, bottom: 5 }}
    >
      <CartesianGrid strokeDasharray="3 3" />
      <XAxis dataKey="nombre" />
      <YAxis />
      <Tooltip />
      <Legend />
      <Line type="monotone" dataKey="valor" stroke="#8884d8" />
    </LineChart>
  );
}

export default Grafico;
```

Integración con el backend:

- Conecta el gráfico al backend usando APIs REST o WebSockets para mostrar datos en tiempo real.

3. Tablas

Las tablas son ideales para presentar grandes cantidades de información estructurada. Usando bibliotecas como **React Table**, puedes agregar funcionalidades avanzadas como ordenación, búsqueda y paginación.

Ejemplo de tabla con React Table:

```jsx
import { useTable } from 'react-table';

function Tabla({ columnas, datos }) {
```

```jsx
  const { getTableProps, getTableBodyProps,
headerGroups, rows, prepareRow } =
    useTable({ columns: columnas, data: datos });

  return (
    <table {...getTableProps()} className="table-auto border-collapse w-full">
      <thead>
        {headerGroups.map((group) => (
          <tr {...group.getHeaderGroupProps()} className="border-b">
            {group.headers.map((column) => (
              <th {...column.getHeaderProps()} className="text-left p-2">
                {column.render('Header')}
              </th>
            ))}
          </tr>
        ))}
      </thead>
      <tbody {...getTableBodyProps()}>
        {rows.map((row) => {
          prepareRow(row);
          return (
            <tr {...row.getRowProps()} className="hover:bg-gray-100">
              {row.cells.map((cell) => (
                <td {...cell.getCellProps()} className="p-2 border-b">
                  {cell.render('Cell')}
                </td>
              ))}
            </tr>
          );
        })}
      </tbody>
    </table>
  );
}
```

```
export default Tabla;
```

Datos de ejemplo:

```
const columnas = [
  { Header: 'Nombre', accessor: 'nombre' },
  { Header: 'Edad', accessor: 'edad' },
];

const datos = [
  { nombre: 'Ana', edad: 28 },
  { nombre: 'Luis', edad: 34 },
];
```

Usando bibliotecas de diseño

1. Material UI

Material UI proporciona componentes preconstruidos con estilos profesionales y funcionalidades avanzadas.

Instalación:

```
npm install @mui/material @emotion/react @emotion/styled
```

Ejemplo de botón:

```
import Button from '@mui/material/Button';

function Boton() {
  return <Button variant="contained" color="primary">Enviar</Button>;
}
```

2. TailwindCSS

TailwindCSS es un framework de utilidades CSS que permite diseñar rápidamente sin escribir CSS personalizado.

Instalación:

```
npm install -D tailwindcss postcss autoprefixer
npx tailwindcss init
```

Configuración de `tailwind.config.js`:

```js
module.exports = {
  content: ['./src/**/*.{html,js,jsx,ts,tsx}'],
  theme: {
    extend: {},
  },
  plugins: [],
};
```

Ejemplo de tarjeta con TailwindCSS:

```html
<div class="max-w-sm rounded overflow-hidden shadow-lg">
  <img class="w-full" src="imagen.jpg" alt="Descripción">
  <div class="px-6 py-4">
    <div class="font-bold text-xl mb-2">Título</div>
    <p class="text-gray-700 text-base">Contenido de ejemplo.</p>
  </div>
</div>
```

Conclusión

La creación de interfaces avanzadas requiere componentes interactivos que sean útiles y atractivos. Usar bibliotecas como **Material UI** y **TailwindCSS** simplifica el diseño, mientras que frameworks como React o Vue proporcionan la flexibilidad necesaria para manejar interacciones complejas.

En el próximo capítulo, exploraremos cómo empaquetar y distribuir aplicaciones Wails, asegurándonos de que tus creaciones lleguen a los usuarios finales de forma profesional.

Parte 5: Ejemplos Prácticos

1. Proyecto 1: Gestor de Tareas

En este proyecto, crearemos un gestor de tareas simple pero funcional. La aplicación permitirá al usuario agregar, editar y eliminar tareas, y marcar aquellas que estén completadas. El backend estará escrito en **Python**, y el frontend usará **Wails** para ofrecer una interfaz gráfica interactiva.

Estructura del proyecto

1. **Backend (Python):**
   Manejará la lógica para gestionar tareas, como guardar y recuperar datos. También actuará como API para el frontend.

2. **Frontend (Wails):**
   Proporcionará una interfaz amigable para que los usuarios interactúen con el gestor de tareas.

Implementación del backend

El backend usará **Flask** para crear una API REST que permita al frontend interactuar con los datos de las tareas.

Código del backend

Estructura de datos:

- Las tareas se almacenarán en memoria como una lista de diccionarios. Cada tarea incluirá un ID, un título, una descripción y un estado (completada o no).

Archivo `backend.py`:

```python
from flask import Flask, jsonify, request

app = Flask(__name__)

# Almacén de tareas en memoria
tareas = []
id_actual = 1

# Obtener todas las tareas
@app.route('/api/tareas', methods=['GET'])
def obtener_tareas():
    return jsonify(tareas)

# Agregar una nueva tarea
@app.route('/api/tareas', methods=['POST'])
def agregar_tarea():
    global id_actual
    datos = request.json
    tarea = {
        'id': id_actual,
        'titulo': datos['titulo'],
        'descripcion': datos.get('descripcion', ''),
        'completada': False
    }
```

```python
        tareas.append(tarea)
        id_actual += 1
        return jsonify(tarea), 201

# Actualizar una tarea
@app.route('/api/tareas/<int:id>', methods=['PUT'])
def actualizar_tarea(id):
    datos = request.json
    for tarea in tareas:
        if tarea['id'] == id:
            tarea['titulo'] = datos.get('titulo', tarea['titulo'])
            tarea['descripcion'] = datos.get('descripcion', tarea['descripcion'])
            tarea['completada'] = datos.get('completada', tarea['completada'])
            return jsonify(tarea)
    return jsonify({'error': 'Tarea no encontrada'}), 404

# Eliminar una tarea
@app.route('/api/tareas/<int:id>', methods=['DELETE'])
def eliminar_tarea(id):
    global tareas
    tareas = [tarea for tarea in tareas if tarea['id'] != id]
    return jsonify({'mensaje': 'Tarea eliminada'}), 200

if __name__ == '__main__':
    app.run(port=5000)
```

Cómo ejecutar el backend:

1. Instala Flask:

```
pip install flask
```

2. Ejecuta el archivo:

   ```
   python backend.py
   ```

3. El servidor estará disponible en `http://localhost:5000`.

Implementación del frontend

El frontend usará React a través de Wails para construir la interfaz de usuario.

Crear el proyecto Wails

1. Inicia un nuevo proyecto:

   ```
   wails init
   ```

   - Selecciona React como framework frontend.

2. Instala Axios para manejar las solicitudes al backend:

   ```
   npm install axios
   ```

Código del frontend

Archivo `App.jsx`:

```jsx
import React, { useState, useEffect } from 'react';
import axios from 'axios';

function App() {
  const [tareas, setTareas] = useState([]);
  const [nuevaTarea, setNuevaTarea] = useState('');

  // Cargar tareas desde el backend
  useEffect(() => {
```

```javascript
    axios.get('http://localhost:5000/api/tareas')
      .then((respuesta) => setTareas(respuesta.data))
      .catch((error) => console.error('Error al cargar las tareas:', error));
  }, []);

  // Agregar una nueva tarea
  const agregarTarea = () => {
    if (nuevaTarea.trim()) {
      axios.post('http://localhost:5000/api/tareas', { titulo: nuevaTarea })
        .then((respuesta) => {
          setTareas([...tareas, respuesta.data]);
          setNuevaTarea('');
        })
        .catch((error) => console.error('Error al agregar tarea:', error));
    }
  };

  // Marcar tarea como completada
  const alternarCompletada = (id, completada) => {
    axios.put(`http://localhost:5000/api/tareas/${id}`, { completada: !completada })
      .then((respuesta) => {
        setTareas(tareas.map((tarea) =>
          tarea.id === id ? respuesta.data : tarea
        ));
      })
      .catch((error) => console.error('Error al actualizar tarea:', error));
  };

  // Eliminar una tarea
  const eliminarTarea = (id) => {
```

```jsx
    axios.delete(`http://localhost:5000/api/tareas/${id
}`)
      .then(() => {
        setTareas(tareas.filter((tarea) => tarea.id
!== id));
      })
      .catch((error) => console.error('Error al
eliminar tarea:', error));
  };

  return (
    <div className="app">
      <h1>Gestor de Tareas</h1>
      <div className="nueva-tarea">
        <input
          type="text"
          placeholder="Nueva tarea"
          value={nuevaTarea}
          onChange={(e) =>
setNuevaTarea(e.target.value)}
        />
        <button onClick=
{agregarTarea}>Agregar</button>
      </div>
      <ul>
        {tareas.map((tarea) => (
          <li key={tarea.id} className=
{tarea.completada ? 'completada' : ''}>
            <span onClick={() =>
alternarCompletada(tarea.id, tarea.completada)}>
              {tarea.titulo}
            </span>
            <button onClick={() =>
eliminarTarea(tarea.id)}>Eliminar</button>
          </li>
        ))}
      </ul>
    </div>
```

```
  );
}

export default App;
```

Captura de pantalla del proyecto

Vista de la aplicación:

- **Formulario para agregar tareas:** Permite al usuario introducir un título para crear nuevas tareas.
- **Lista de tareas:** Muestra las tareas con opciones para marcarlas como completadas o eliminarlas.

Ejecución:

1. Inicia el backend (`backend.py`).
2. Inicia el frontend:

```
npm run start
```

Conclusión

Este proyecto es un ejemplo práctico de cómo combinar Python y Wails para crear aplicaciones útiles y atractivas. Utilizando un backend en Python para manejar la lógica y un frontend en React para la interfaz, el gestor de tareas demuestra la flexibilidad y potencia de esta combinación.

En el próximo proyecto, exploraremos cómo desarrollar un visualizador de datos interactivo con gráficos dinámicos.

2. Proyecto 2: Visualizador de Datos

En este proyecto, desarrollaremos un **visualizador de datos interactivo**. El backend generará datos dinámicos utilizando **pandas** o **NumPy**, y el frontend los mostrará a través de gráficos interactivos, utilizando bibliotecas como **Recharts** o **Chart.js**.

Objetivo del proyecto

1. **Backend:** Generar datos estadísticos o simulados, como tendencias de ventas, datos climáticos o series temporales, utilizando herramientas de análisis en Python.
2. **Frontend:** Crear gráficos atractivos y dinámicos que permitan explorar estos datos de manera visual y efectiva.

Implementación del backend

Usaremos **Flask** para exponer una API REST que proporcionará los datos al frontend.

Código del backend

Generar datos con pandas:

- En este ejemplo, simularemos datos de ventas mensuales.

Archivo `backend.py`:

```python
from flask import Flask, jsonify
import pandas as pd
import numpy as np

app = Flask(__name__)

# Generar datos simulados
```

```python
def generar_datos():
    np.random.seed(42)
    meses = [
        "Enero", "Febrero", "Marzo", "Abril", "Mayo", "Junio",
        "Julio", "Agosto", "Septiembre", "Octubre", "Noviembre", "Diciembre"
    ]
    ventas = np.random.randint(1000, 5000, size=len(meses))
    datos = pd.DataFrame({"Mes": meses, "Ventas": ventas})
    return datos

# Endpoint para obtener los datos
@app.route('/api/datos', methods=['GET'])
def obtener_datos():
    datos = generar_datos()
    return jsonify(datos.to_dict(orient='records'))

if __name__ == '__main__':
    app.run(port=5000)
```

Cómo ejecutar el backend:

1. Instala las dependencias necesarias:

   ```
   pip install flask pandas numpy
   ```

2. Ejecuta el servidor:

   ```
   python backend.py
   ```

3. Visita `http://localhost:5000/api/datos` para ver los datos generados.

Implementación del frontend

El frontend utilizará **Wails** con **Recharts** para mostrar los datos en gráficos interactivos.

Crear el proyecto Wails

1. Inicia un nuevo proyecto:

   ```
   wails init
   ```

   - Selecciona React como framework frontend.

2. Instala Axios y Recharts:

   ```
   npm install axios recharts
   ```

Código del frontend

Archivo `App.jsx`:

```jsx
import React, { useState, useEffect } from 'react';
import axios from 'axios';
import { BarChart, Bar, XAxis, YAxis, CartesianGrid, Tooltip, Legend } from 'recharts';

function App() {
  const [datos, setDatos] = useState([]);

  // Cargar los datos desde el backend
  useEffect(() => {
    axios.get('http://localhost:5000/api/datos')
      .then((respuesta) => setDatos(respuesta.data))
      .catch((error) => console.error('Error al cargar los datos:', error));
  }, []);
```

```jsx
  return (
    <div className="app">
      <h1>Visualizador de Ventas Mensuales</h1>
      {datos.length > 0 ? (
        <BarChart
          width={600}
          height={300}
          data={datos}
          margin={{ top: 20, right: 30, left: 20, bottom: 5 }}
        >
          <CartesianGrid strokeDasharray="3 3" />
          <XAxis dataKey="Mes" />
          <YAxis />
          <Tooltip />
          <Legend />
          <Bar dataKey="Ventas" fill="#8884d8" />
        </BarChart>
      ) : (
        <p>Cargando datos...</p>
      )}
    </div>
  );
}

export default App;
```

Captura de pantalla del proyecto

Vista de la aplicación:

- Un gráfico de barras interactivo que muestra las ventas mensuales.
- Tooltip que aparece al pasar el cursor sobre las barras para mostrar información detallada.

Interacción:

- Los datos se actualizan cada vez que se recarga la página, gracias a la generación dinámica en el backend.

Ampliaciones posibles

1. **Agregar filtros dinámicos:**
   Permitir al usuario seleccionar un rango de meses o comparar diferentes años.
2. **Incorporar gráficos adicionales:**
   Usa otras bibliotecas como Chart.js para agregar gráficos de líneas o sectores.
3. **Persistencia de datos:**
   Conecta el backend a una base de datos para almacenar y consultar datos históricos.

Conclusión

Este proyecto ilustra cómo usar Python y Wails para crear una aplicación que no solo procesa datos, sino que también los presenta de manera visual y atractiva. Con pandas y NumPy generando datos, y herramientas frontend como Recharts mostrándolos, puedes construir aplicaciones poderosas que ofrezcan valor real a los usuarios.

En el próximo proyecto, exploraremos cómo crear un **chatbot local** que combina lógica de backend y una interfaz moderna.

3. Proyecto 3: Chatbot Local

En este proyecto, desarrollaremos un **chatbot local** que procesa mensajes del usuario y responde utilizando bibliotecas de Python como **ChatterBot**. La aplicación incluirá una interfaz elegante en **Wails**, diseñada para que la interacción sea fluida y atractiva.

Objetivo del proyecto

1. **Backend:**
   Utilizar ChatterBot para crear un chatbot básico que pueda generar respuestas automáticas basadas en entradas del usuario.

2. **Frontend:**
   Diseñar una interfaz moderna en Wails donde los usuarios puedan enviar mensajes al chatbot y recibir respuestas en tiempo real.

Implementación del backend

Preparar el chatbot con ChatterBot

Instalar ChatterBot:

```
pip install chatterbot chatterbot_corpus
```

Código del backend

Archivo `backend.py`:

```python
from flask import Flask, request, jsonify
from chatterbot import ChatBot
from chatterbot.trainers import ChatterBotCorpusTrainer
```

```python
app = Flask(__name__)

# Crear y entrenar el chatbot
chatbot = ChatBot('Asistente Local')
entrenador = ChatterBotCorpusTrainer(chatbot)
entrenador.train("chatterbot.corpus.spanish")  # Entrena con el corpus en español

# Endpoint para procesar mensajes
@app.route('/api/chat', methods=['POST'])
def chat():
    datos = request.json
    mensaje_usuario = datos.get('mensaje')
    if mensaje_usuario:
        respuesta = chatbot.get_response(mensaje_usuario)
        return jsonify({"respuesta": str(respuesta)})
    return jsonify({"error": "Mensaje no proporcionado"}), 400

if __name__ == '__main__':
    app.run(port=5000)
```

Cómo ejecutar el backend:

1. Asegúrate de que Flask y ChatterBot estén instalados.

2. Ejecuta el archivo:

```
python backend.py
```

3. El servidor estará disponible en `http://localhost:5000`.

Implementación del frontend

El frontend usará **React** con **Wails** para crear una interfaz de chat atractiva y funcional.

Crear el proyecto Wails

1. Inicia un nuevo proyecto:

```
wails init
```

   - Selecciona React como framework frontend.
2. Instala Axios:

```
npm install axios
```

Código del frontend

Archivo `App.jsx`:

```jsx
import React, { useState } from 'react';
import axios from 'axios';

function App() {
  const [mensajes, setMensajes] = useState([]);
  const [mensajeUsuario, setMensajeUsuario] = useState('');

  // Enviar mensaje al backend
  const enviarMensaje = () => {
    if (mensajeUsuario.trim()) {
      const nuevoMensaje = { autor: 'Usuario', texto: mensajeUsuario };
      setMensajes([...mensajes, nuevoMensaje]);
```

```
      axios.post('http://localhost:5000/api/chat', { mensaje: mensajeUsuario })
        .then((respuesta) => {
          const mensajeChatbot = { autor: 'Chatbot', texto: respuesta.data.respuesta };
          setMensajes((prevMensajes) => [...prevMensajes, mensajeChatbot]);
        })
        .catch((error) => {
          console.error('Error al procesar el mensaje:', error);
          const mensajeError = { autor: 'Chatbot', texto: 'Ocurrió un error al procesar tu mensaje.' };
          setMensajes((prevMensajes) => [...prevMensajes, mensajeError]);
        });

      setMensajeUsuario('');
    }
  };

  return (
    <div className="app">
      <h1>Chatbot Local</h1>
      <div className="chat">
        <div className="mensajes">
          {mensajes.map((mensaje, index) => (
            <div
              key={index}
              className={`mensaje ${mensaje.autor === 'Usuario' ? 'usuario' : 'chatbot'}`}
            >
              <strong>{mensaje.autor}:</strong> {mensaje.texto}
            </div>
          ))}
        </div>
        <div className="entrada">
          <input
```

```
            type="text"
            placeholder="Escribe un mensaje..."
            value={mensajeUsuario}
            onChange={(e) =>
setMensajeUsuario(e.target.value)}
          />
          <button onClick=
{enviarMensaje}>Enviar</button>
        </div>
      </div>
    </div>
  );
}

export default App;
```

Estilos para la interfaz

Archivo `App.css`:

```
.app {
  font-family: Arial, sans-serif;
  max-width: 600px;
  margin: auto;
  text-align: center;
}

.chat {
  border: 1px solid #ccc;
  border-radius: 10px;
  padding: 10px;
  background-color: #f9f9f9;
  height: 400px;
  display: flex;
  flex-direction: column;
  justify-content: space-between;
}
```

```css
.mensajes {
  flex: 1;
  overflow-y: auto;
  margin-bottom: 10px;
}

.mensaje {
  margin: 5px 0;
  padding: 10px;
  border-radius: 5px;
}

.usuario {
  text-align: right;
  background-color: #d1e7ff;
}

.chatbot {
  text-align: left;
  background-color: #e7f4d9;
}

.entrada {
  display: flex;
  gap: 10px;
}

input {
  flex: 1;
  padding: 10px;
  border: 1px solid #ccc;
  border-radius: 5px;
}

button {
  padding: 10px 20px;
  background-color: #007bff;
  color: white;
  border: none;
```

```css
    border-radius: 5px;
    cursor: pointer;
}

button:hover {
    background-color: #0056b3;
}
```

Captura de pantalla del proyecto

Vista de la aplicación:

- **Sección de mensajes:** Muestra la conversación entre el usuario y el chatbot.
- **Campo de entrada:** Permite al usuario escribir mensajes.
- **Interacción:** El chatbot responde automáticamente a cada mensaje enviado.

Interacción:

- Los mensajes del usuario se envían al backend.
- El backend procesa la entrada y devuelve una respuesta, que se muestra en la interfaz.

Ampliaciones posibles

1. **Entrenamiento personalizado:**
   Personaliza el chatbot con datos específicos para adaptarlo a un dominio particular, como atención al cliente o asesoramiento técnico.

2. **Soporte para múltiples usuarios:**
   Permite manejar sesiones separadas para que varios usuarios puedan interactuar con el chatbot.

3. **Persistencia de mensajes:**
   Almacena el historial de conversaciones en una base de datos para futuras consultas.

Conclusión

Este chatbot local combina el poder de Python para manejar la lógica de procesamiento de lenguaje natural con la capacidad de Wails para crear interfaces modernas y elegantes. Este proyecto es ideal como base para desarrollar asistentes virtuales más avanzados o herramientas de interacción automatizada.

En el próximo capítulo, exploraremos cómo empaquetar y distribuir nuestras aplicaciones Wails para que estén listas para los usuarios finales.

Parte 6: Publicación y Distribución

1. Empaquetado de aplicaciones Wails

El empaquetado de aplicaciones es una etapa esencial para distribuir tu software. Wails facilita la generación de ejecutables para **Windows**, **macOS** y **Linux**, lo que te permite entregar tu aplicación como un único archivo ejecutable para cada plataforma. En esta sección, exploraremos cómo generar estos ejecutables, optimizarlos con **UPX** y crear instaladores profesionales con **NSIS**.

Generar ejecutables para Windows, macOS y Linux

Requisitos previos

1. **Dependencias instaladas:**
   - **Go:** Asegúrate de tener una versión compatible (1.19 o superior).
   - Wails CLI:

     Si no está instalado, usa:

     ```
     go install github.com/wailsapp/wails/v2/cmd/wails@latest
     ```

   - **Node.js y npm:** Para gestionar dependencias frontend.

2. **Herramientas específicas por plataforma:**
   - **Windows:** Instala **WebView2 Runtime**.
   - **Linux:** Asegúrate de tener `libwebkit2gtk-4.0-dev` y herramientas de compilación (`gcc`, `make`).
   - **macOS:** No se requieren dependencias adicionales.

Generar un ejecutable con Wails

1. **Preparar la aplicación:**
   Asegúrate de que tu proyecto Wails esté completo, incluyendo el frontend (ejecuta `npm run build` si usas un framework frontend).

2. **Comando para generar ejecutables:** Ejecuta el siguiente comando desde el directorio raíz del proyecto:

```
wails build
```

3. **Resultado:**
   - El ejecutable generado estará en el directorio `build/bin/`.
   - El nombre del archivo será el definido en `wails.json`.
4. **Plataformas cruzadas:** Si deseas compilar para una plataforma diferente (por ejemplo, desde Linux para Windows), usa:

   ```
   GOOS=windows GOARCH=amd64 wails build
   ```

   - **GOOS:** Sistema operativo (`windows`, `darwin` para macOS, `linux`).
   - **GOARCH:** Arquitectura (`amd64`, `arm64`).

Optimización del tamaño del ejecutable con UPX

UPX (Ultimate Packer for Executables) es una herramienta que comprime ejecutables, reduciendo significativamente su tamaño sin afectar su funcionamiento.

Instalación de UPX

1. **Descargar UPX:**
   - Ve a https://upx.github.io/ y descarga la versión para tu sistema operativo.
   - Extrae el archivo y agrega la ruta del binario de UPX a tu PATH.
2. **Comprimir un ejecutable:** Ejecuta UPX sobre el archivo generado por Wails:

```
upx --best --lzma build/bin/mi_aplicacion.exe
```

- **--best** : Usa el nivel más alto de compresión.
- **--lzma** : Habilita un algoritmo de compresión más eficiente.

3. **Verificar el resultado:** Compara los tamaños antes y después de la compresión:

```
ls -lh build/bin/mi_aplicacion.exe
```

Ventajas de UPX

- Reduce drásticamente el tamaño del ejecutable.
- Ideal para distribuciones donde el tamaño es crítico, como aplicaciones descargables o ejecutables para dispositivos con almacenamiento limitado.

Creación de instaladores con NSIS

NSIS (Nullsoft Scriptable Install System) es una herramienta gratuita que permite crear instaladores personalizados para Windows. Es ideal para empaquetar aplicaciones Wails con todas sus dependencias.

Instalación de NSIS

1. **Descargar NSIS:**
   - Ve a https://nsis.sourceforge.io/Download y descarga el instalador para Windows.
   - Sigue las instrucciones para completar la instalación.

2. **Estructura del instalador:**
   - Crea una carpeta con los archivos que deseas incluir en el instalador. Por ejemplo:

```
mi_instalador/
├── mi_aplicacion.exe
├── README.txt
└── licencia.txt
```

3. **Escribir un script NSIS:**

Archivo `instalador.nsi`:

```
!define APP_NAME "Mi Aplicación"
!define OUTPUT "mi_aplicacion_installer.exe"
!define INSTALL_DIR "$PROGRAMFILES\MiAplicacion"

OutFile "${OUTPUT}"
InstallDir "${INSTALL_DIR}"

Section "Instalar"
  SetOutPath "$INSTDIR"
  File "mi_instalador\mi_aplicacion.exe"
  File "mi_instalador\README.txt"
  File "mi_instalador\licencia.txt"
  CreateShortcut "$DESKTOP\Mi Aplicación.lnk"
"$INSTDIR\mi_aplicacion.exe"
SectionEnd

Section "Desinstalar"
  Delete "$INSTDIR\mi_aplicacion.exe"
  Delete "$INSTDIR\README.txt"
  Delete "$INSTDIR\licencia.txt"
  Delete "$DESKTOP\Mi Aplicación.lnk"
  RMDir "$INSTDIR"
SectionEnd
```

Compilar el instalador:

1. Abre **MakeNSISw**, el editor gráfico incluido con NSIS.

2. Carga el archivo `instalador.nsi`.

3. Haz clic en **Compile** para generar el instalador.

Resultado:

El instalador generado estará en el directorio donde se ejecutó NSIS. Al ejecutarlo, instalará tu aplicación en el sistema del usuario.

Conclusión

El empaquetado de aplicaciones con Wails, combinado con herramientas como **UPX** y **NSIS**, asegura que tus aplicaciones sean fáciles de distribuir, compactas y profesionales. Con estas técnicas, puedes entregar software multiplataforma que esté listo para los usuarios finales.

En el próximo capítulo, exploraremos cómo distribuir estas aplicaciones a través de tiendas como **Microsoft Store**, **App Store** y **repositorios de Linux**.

Parte 6: Publicación y Distribución

2. Distribución y mantenimiento

La distribución y el mantenimiento de aplicaciones son etapas clave para garantizar que tus usuarios tengan acceso a tu software y disfruten de una experiencia fluida. En esta sección, exploraremos cómo subir aplicaciones a tiendas como la **Microsoft Store** y la **App Store**, además de estrategias para gestionar actualizaciones y optimizar el rendimiento de aplicaciones Wails.

Subir aplicaciones a tiendas como Microsoft Store o App Store

Distribuir tu aplicación en una tienda oficial no solo la hace más accesible, sino que también inspira confianza en los usuarios.

Microsoft Store (Windows)

1. **Preparar la aplicación:**
   - Compila tu aplicación con **Wails** para generar un ejecutable.
   - Asegúrate de que cumple con los requisitos de la Microsoft Store:
     - Interfaz amigable y consistente.
     - Soporte para diferentes resoluciones de pantalla.
     - Cumplimiento de las políticas de contenido.

2. **Crear un paquete MSIX:**
   - Instala el Windows Application Packaging Project:

     ```
     winget install Microsoft.WindowsDesktop.App
     ```

   - Usa herramientas como MakeAppx para empaquetar tu aplicación:

     ```
     makeappx pack /d <carpeta_fuente> /p <nombre_paquete>.msix
     ```

3. **Certificar tu paquete:**

- Usa la Windows App Certification Kit:

  ```
  appcertkit /verify <nombre_paquete>.msix
  ```

4. **Subir la aplicación:**
   - Crea una cuenta de desarrollador en [Partner Center](#).
   - Sigue el proceso para registrar tu aplicación y cargar el archivo **MSIX**.

App Store (macOS)

1. **Preparar la aplicación:**
   - Compila tu aplicación para macOS con Wails:

     ```
     wails build -os darwin
     ```

   - Firma digitalmente tu aplicación usando Xcode:

     ```
     codesign --deep --force --verbose --sign "Developer ID Application" build/bin/MiAplicacion.app
     ```

2. **Crear un paquete .pkg:**
   - Usa el comando

     ```
     productbuild
     ```

     :

```
productbuild --component
build/bin/MiAplicacion.app /Applications
MiAplicacion.pkg
```

3. **Subir la aplicación:**
   - Crea una cuenta de desarrollador en Apple Developer.
   - Usa **Transporter**, una herramienta de Apple, para subir tu paquete.
4. **Cumplir con las reglas de la App Store:**
   - Asegúrate de que tu aplicación respete las directrices de Apple sobre diseño, seguridad y contenido.

Actualización de aplicaciones y gestión de versiones

Mantener tu aplicación actualizada es crucial para corregir errores, mejorar el rendimiento y agregar nuevas funcionalidades.

1. **Control de versiones:**
   - Usa un sistema de versionado semántico (por ejemplo,

     ```
     1.0.0
     ```

).
     - **Primera cifra:** Cambia con grandes actualizaciones.
     - **Segunda cifra:** Cambia con nuevas funciones.
     - **Tercera cifra:** Cambia con correcciones de errores.
2. **Sistema de actualizaciones automáticas:**

- Implementa una funcionalidad para que la aplicación verifique si hay nuevas versiones al iniciarse.
- Usa APIs para entregar información de versiones y enlaces de descarga:

```
{
    "version_actual": "1.1.0",
    "enlace_descarga":
"https://miapp.com/descarga"
}
```

3. **Gestión de dependencias:**
   - En el backend, usa herramientas como **pipenv** o **poetry** para mantener actualizadas las bibliotecas de Python.
   - Para el frontend, usa `npm outdated` para verificar actualizaciones de paquetes.

15.1 Tips de optimización para Wails

La optimización es esencial para garantizar que tu aplicación sea eficiente, rápida y fácil de usar. Aquí hay estrategias específicas para mejorar el rendimiento de aplicaciones Wails.

Minimización del tamaño del binario

1. **Eliminar recursos innecesarios:**
   - Revisa tu carpeta de frontend y elimina imágenes, fuentes o scripts que no se usen.
   - Usa herramientas como **Webpack** o **Vite** para minimizar el tamaño del código frontend.
2. **Compresión con UPX:**

- Utiliza **UPX** para reducir el tamaño del ejecutable, como se explicó anteriormente.
3. **Optimización de bibliotecas Go:**
    - Usa la opción

        `-ldflags`

        al compilar:

        ```
        go build -ldflags="-s -w"
        ```

        - `-s`: Elimina la tabla de símbolos.
        - `-w`: Excluye información de depuración.

Mejorar el rendimiento

1. **Cacheo:**
    - Implementa un sistema de caché en el frontend para evitar solicitudes repetitivas al backend.

        ```
        const cache = new Map();

        async function obtenerDatosConCache(url) {
          if (cache.has(url)) {
            return cache.get(url);
          }
          const respuesta = await fetch(url);
          const datos = await respuesta.json();
          cache.set(url, datos);
          return datos;
        }
        ```

2. **Concurrencia en Go:**

- Usa goroutines para manejar múltiples tareas simultáneamente en el backend.

```go
go func() {
    procesarTarea()
}()
```

3. **Optimización del frontend:**
   - Usa bibliotecas ligeras para UI, como **Svelte**.
   - Activa el modo de producción en frameworks frontend para reducir el tamaño de los archivos generados.

Reducción de la latencia

1. **Uso de WebSockets:**
   - Implementa WebSockets para actualizar datos en tiempo real sin la sobrecarga de múltiples solicitudes HTTP.

```javascript
const socket = new WebSocket('ws://localhost:5000');
socket.onmessage = (event) => {
  console.log('Actualización en tiempo real:', event.data);
};
```

2. **Compresión de recursos:**
   - Usa `gzip` o `brotli` para comprimir respuestas en el backend.

3. **Optimización de consultas al backend:**
   - Minimiza los datos enviados en las respuestas.
   - Usa herramientas como **pandas** en Python para filtrar y procesar datos antes de enviarlos.

Conclusión

Distribuir y mantener aplicaciones Wails implica cumplir con los requisitos de las tiendas oficiales, gestionar versiones y optimizar el rendimiento. Con estas prácticas, tus aplicaciones no solo estarán listas para llegar a una audiencia global, sino que también ofrecerán una experiencia fluida y eficiente.

En el próximo capítulo, abordaremos **Retos y Autoevaluación**, donde consolidarás tus conocimientos con ejercicios prácticos y soluciones explicadas.

Parte 6: Publicación y Distribución

Distribución y mantenimiento

Publicar y mantener aplicaciones multiplataforma desarrolladas con Wails requiere cumplir con requisitos específicos de cada tienda de aplicaciones y aplicar estrategias para garantizar un funcionamiento fluido y eficiente. Aquí abordaremos los pasos necesarios para subir aplicaciones a tiendas como la **Microsoft Store** y la **App Store**, así como para gestionar actualizaciones y optimizar el rendimiento.

Subir aplicaciones a tiendas como Microsoft Store o App Store

1. Publicar en Microsoft Store

La **Microsoft Store** permite distribuir aplicaciones para dispositivos Windows con una experiencia de instalación y actualización integrada.

Pasos para publicar:

1. **Crear una cuenta de desarrollador:**
   - Regístrate en el [Microsoft Partner Center](#).
   - Completa el proceso de verificación de cuenta.

2. **Preparar tu aplicación:**
   - Genera el ejecutable de tu aplicación con Wails.
   - Empaqueta tu aplicación como un archivo MSIX:
     - Usa herramientas como MakeAppx para empaquetar:
       ```
       makeappx pack /d <carpeta_fuente> /p <nombre_paquete>.msix
       ```
     - Usa la Windows App Certification Kit para validar tu paquete:
       ```
       appcertkit /verify <nombre_paquete>.msix
       ```

3. **Subir la aplicación:**

- Accede al panel del Partner Center y registra tu aplicación.
- Sube el paquete **MSIX**, capturas de pantalla y la descripción.

4. **Cumplir con las políticas:**
    - Revisa las [políticas de la tienda](#) para asegurarte de que tu aplicación cumpla con los requisitos.

2. Publicar en la App Store

La **App Store** de Apple es un entorno más controlado que requiere certificación estricta y cumplimiento con sus directrices.

Pasos para publicar:

1. **Crear una cuenta de desarrollador:**
    - Inscríbete en el programa [Apple Developer](#).
2. **Preparar tu aplicación:**
    - Genera el ejecutable para macOS con Wails:

    ```
    wails build -os darwin
    ```

    - Firma tu aplicación con un certificado de desarrollador:

    ```
    codesign --deep --force --verbose --sign "Developer ID Application" build/bin/MiAplicacion.app
    ```

3. **Crear un paquete para distribución:**
    - Usa el comando

    ```
    productbuild
    ```

para empaquetar:

```
productbuild --component
build/bin/MiAplicacion.app /Applications
MiAplicacion.pkg
```

4. **Subir la aplicación:**
   - Usa **Transporter**, la herramienta de Apple, para cargar tu aplicación.
5. **Cumplir con las políticas de Apple:**
   - Asegúrate de seguir las [directrices de la App Store](), incluyendo accesibilidad, diseño y privacidad.

Actualización de aplicaciones y gestión de versiones

1. Gestión de versiones

Usa un sistema de versionado semántico para identificar claramente las actualizaciones de tu aplicación:

- `Mayor.Minor.Patch`

  (

  ```
  1.0.0
  ```

  ):

  - **Mayor:** Cambios que no son compatibles con versiones anteriores.
  - **Minor:** Nuevas funcionalidades que mantienen compatibilidad.
  - **Patch:** Correcciones de errores o mejoras menores.

Ejemplo de actualización:

- **1.0.0 → 1.1.0:** Nueva funcionalidad.
- **1.1.0 → 1.1.1:** Corrección de errores.

2. Sistema de actualizaciones automáticas

1. **Verificar actualizaciones:**
   - Implementa una función en tu aplicación que consulte un servidor para verificar la versión actual:

   ```
   {
     "version_actual": "1.1.0",
     "enlace_descarga": "https://miapp.com/descarga"
   }
   ```

2. **Manejo de actualizaciones:**
   - Si hay una nueva versión, descarga el instalador desde el enlace proporcionado y guíe al usuario en el proceso.

3. **Bibliotecas recomendadas:**
   - Para Go: **fyne-x/autoupdate** (soporta actualización automática en aplicaciones Go).
   - Para Python: **PyUpdater** (gestión de actualizaciones en aplicaciones Python).

15.1 Tips de optimización para Wails

Minimización del tamaño del binario

1. **Eliminar recursos innecesarios:**
   - Limpia archivos temporales o no utilizados en tu proyecto frontend antes de compilar:

   ```
   npm run clean
   ```

2. **Compresión del ejecutable:**
   - Usa

     UPX

     para comprimir binarios:

   ```
   upx --best --lzma build/bin/MiAplicacion.exe
   ```

3. **Optimización con flags de compilación:**
   - Reduce el tamaño del binario desactivando símbolos de depuración:

   ```
   go build -ldflags="-s -w"
   ```

Mejorar el rendimiento

1. **Cacheo de recursos:**
   - Implementa estrategias de caché para datos repetidos:

```javascript
const cache = new Map();
async function obtenerDatos(url) {
  if (cache.has(url)) return cache.get(url);
    const respuesta = await fetch(url);
    const datos = await respuesta.json();
    cache.set(url, datos);
    return datos;
}
```

2. **Concurrencia en Go:**
   - Usa

     goroutines

     para manejar múltiples tareas simultáneamente:

     ```go
     go func() {
         procesarTarea()
     }()
     ```

3. **Optimización de la comunicación:**
   - Utiliza WebSockets para evitar múltiples solicitudes HTTP en aplicaciones que requieren actualizaciones constantes.

Reducción de la latencia

1. **Compresión de datos:**
   - En el backend, usa

     ```
     gzip
     ```

     para comprimir las respuestas:

```python
from flask import Response
import gzip

@app.route('/api/datos')
def datos():
    data = obtener_datos()
    comprimido = gzip.compress(data.encode('utf-8'))
    return Response(comprimido, headers={'Content-Encoding': 'gzip'})
```

2. **Optimización de consultas al backend:**
   - Procesa datos innecesarios antes de enviarlos al frontend.

3. **Reducción de tiempo de carga del frontend:**
   - Usa herramientas como **Webpack** o **Vite** para minimizar archivos frontend.

Conclusión

Distribuir aplicaciones a través de tiendas oficiales y mantenerlas actualizadas es fundamental para el éxito y la aceptación del usuario. Al mismo tiempo, la optimización del rendimiento garantiza una experiencia fluida y eficiente. Con estas estrategias, tu aplicación estará preparada para ofrecer valor a largo plazo.

En el próximo capítulo, abordaremos **Retos y Autoevaluación** para consolidar lo aprendido a través de ejercicios prácticos.

Parte 7: Retos y Autoevaluación

1. Retos prácticos

La práctica es esencial para consolidar los conocimientos adquiridos. Esta sección incluye una serie de ejercicios al final de cada capítulo, así como sugerencias para proyectos adicionales que expanden los conceptos explorados en este libro.

Ejercicios por capítulo

Capítulo: Instalación y Configuración

1. **Ejercicio:**
    - Instala Python, Go y Wails en tu sistema. Crea una pequeña aplicación que imprima "¡Hola Mundo!" al ejecutarse.
    - **Objetivo:** Familiarizarte con el entorno de desarrollo.

   Solución:
    - Usa Wails para inicializar un proyecto básico.
    - Configura el archivo `main.go` para imprimir el mensaje en consola.

Capítulo: Diseño de Interfaces

1. **Ejercicio:**
    - Crea un formulario que recoja datos personales (nombre, email, edad) y los envíe al backend.
    - **Objetivo:** Practicar el diseño de interfaces y la comunicación entre frontend y backend.

   Solución:
    - Diseña el formulario en React o Vue.
    - Configura un endpoint en el backend para recibir y procesar los datos.

Capítulo: Publicación y Distribución

1. **Ejercicio:**
   - Empaqueta tu aplicación como un ejecutable para Windows y optimiza su tamaño con UPX.
   - **Objetivo:** Aprender el proceso de empaquetado y optimización.

   Solución:
   - Genera el binario con `wails build`.
   - Comprime el archivo con:

     ```
     upx --best --lzma
     build/bin/mi_aplicacion.exe
     ```

Proyectos adicionales sugeridos

Proyecto 1: Gestor de Finanzas Personales

- **Descripción:**
  Crea una aplicación que permita registrar ingresos y gastos, mostrando un gráfico de tendencias.
- Objetivos:
  - Generar datos dinámicos en Python.
  - Visualizar datos con gráficos interactivos en el frontend.

Proyecto 2: Monitor de Clima

- **Descripción:**
  Consume una API externa (como OpenWeather) para mostrar el clima actual en diferentes ciudades.
- Objetivos:
  - Integrar APIs REST en el backend.
  - Diseñar una interfaz interactiva para mostrar información climática.

17.1 Integración con APIs externas

Integrar APIs externas es una habilidad fundamental para agregar funcionalidad avanzada a las aplicaciones. En esta sección, exploraremos cómo consumir APIs REST en aplicaciones Wails y manejar errores de manera eficiente.

Introducción a APIs REST y su consumo en Wails

Qué son las APIs REST

- Las **APIs REST** permiten la comunicación entre sistemas a través de solicitudes HTTP.
- Se usan para obtener o enviar datos, como consultar información del clima, realizar pagos, o integrar mapas interactivos.

Cómo consumir APIs REST en Wails

1. **Backend:**
   Usa Python o Go para interactuar con la API y procesar los datos.

2. **Frontend:**
   Usa Axios o `fetch` para solicitar datos al backend y mostrarlos en la interfaz.

Ejemplo práctico 1: AWS S3 para gestionar archivos

Objetivo:

Crear una funcionalidad para subir y descargar archivos de un bucket de **AWS S3**.

Backend en Python:

1. Instala **boto3**, el SDK de AWS para Python:

   ```
   pip install boto3
   ```

2. Configura las credenciales de AWS en tu entorno o archivo `~/.aws/credentials`.

3. Código:

   ```python
   import boto3
   from flask import Flask, request, jsonify

   app = Flask(__name__)
   s3 = boto3.client('s3')

   BUCKET_NAME = 'mi-bucket'

   @app.route('/api/subir', methods=['POST'])
   def subir_archivo():
       archivo = request.files['archivo']
       s3.upload_fileobj(archivo, BUCKET_NAME, archivo.filename)
   ```

```python
    return jsonify({'mensaje': 'Archivo subido con éxito'})

@app.route('/api/descargar/<nombre>', methods=['GET'])
def descargar_archivo(nombre):
    url = s3.generate_presigned_url('get_object',
                                    Params={'Bucket': BUCKET_NAME, 'Key': nombre},
                                    ExpiresIn=3600)
    return jsonify({'url': url})

if __name__ == '__main__':
    app.run(port=5000)
```

Frontend:

Usa un formulario para subir archivos y un botón para descargarlos:

```
async function subirArchivo(archivo) {
  const formData = new FormData();
  formData.append('archivo', archivo);
  await fetch('http://localhost:5000/api/subir', {
    method: 'POST',
    body: formData,
  });
}

async function descargarArchivo(nombre) {
  const respuesta = await fetch(`http://localhost:5000/api/descargar/${nombre}`);
  const { url } = await respuesta.json();
  window.open(url, '_blank');
}
```

Ejemplo práctico 2: Google Maps API para mapas interactivos

Objetivo:

Mostrar un mapa interactivo con marcadores en ubicaciones específicas.

Frontend con React:

1. Instala la biblioteca **react-google-maps/api**:

```
npm install @react-google-maps/api
```

2. Código del mapa:

```jsx
import { GoogleMap, Marker, LoadScript } from '@react-google-maps/api';

const API_KEY = 'TU_API_KEY_DE_GOOGLE';

function Mapa() {
  const ubicacion = { lat: 40.7128, lng: -74.0060 }; // Nueva York

  return (
    <LoadScript googleMapsApiKey={API_KEY}>
      <GoogleMap
        mapContainerStyle={{ width: '100%', height: '400px' }}
        center={ubicacion}
        zoom={12}
      >
        <Marker position={ubicacion} />
      </GoogleMap>
    </LoadScript>
  );
}
```

```
export default Mapa;
```

Manejo de errores y reintentos

1. **Detección de errores:**

    o   Captura errores de red o respuestas inválidas:

    ```
    try {
      const respuesta = await fetch('http://localhost:5000/api/datos');
      if (!respuesta.ok) throw new Error('Error en la API');
      const datos = await respuesta.json();
    } catch (error) {
      console.error('Error:', error);
    }
    ```

2. **Reintentos automáticos:**

    o   Implementa una lógica para reintentar solicitudes fallidas:

```javascript
async function reintentarFetch(url, intentos = 3) {
  for (let i = 0; i < intentos; i++) {
    try {
      const respuesta = await fetch(url);
      if (respuesta.ok) return await respuesta.json();
    } catch (error) {
      console.warn(`Intento ${i + 1} fallido.`);
    }
  }
  throw new Error('Todos los intentos fallaron');
}
```

Conclusión

Estos retos prácticos y ejemplos de integración con APIs externas te preparan para construir aplicaciones más robustas y funcionales. Al dominar conceptos como el consumo de APIs, manejo de errores y la interacción con servicios externos, estarás listo para abordar proyectos más complejos con confianza.

En el siguiente capítulo, exploraremos la **Conclusión del libro**, donde recapitularemos los aprendizajes clave y hablaremos del futuro del desarrollo con Python y Wails.

Autoevaluación General

Objetivo de la Autoevaluación

La autoevaluación tiene como propósito consolidar los conocimientos adquiridos a lo largo del libro, abarcando desde los conceptos básicos hasta los proyectos avanzados. A continuación, encontrarás preguntas teóricas y ejercicios prácticos que abarcan todo el contenido del libro, junto con sus respuestas detalladas y explicaciones.

Sección 1: Preguntas Teóricas

Capítulo 1: Historia y Fundamentos

1. **Pregunta:**
   - ¿Cuál es la principal ventaja de combinar Python con Wails en el desarrollo de aplicaciones de escritorio?

   Respuesta:
   - Python ofrece simplicidad y un extenso ecosistema para manejar la lógica del backend, mientras que Wails aprovecha Go para un rendimiento óptimo y permite crear interfaces modernas utilizando tecnologías web. La combinación brinda flexibilidad y eficiencia.

2. **Pregunta:**
   - ¿Qué hace a Wails más ligero que otros frameworks como Electron?

   Respuesta:
   - Wails utiliza motores de renderizado nativos del sistema operativo (como WebView2 en Windows), mientras que Electron incluye un motor de navegador completo (Chromium). Esto reduce significativamente el tamaño del ejecutable y el consumo de recursos.

Capítulo 4: Diseñando Interfaces Hermosas

1. **Pregunta:**
   - ¿Qué principio del diseño de interfaces garantiza que los usuarios puedan entender rápidamente cómo funciona una aplicación?

   Respuesta:
   - El principio de **claridad**: Las interfaces deben usar etiquetas claras, íconos comprensibles y estructuras familiares para facilitar la comprensión.

2. **Pregunta:**
   - ¿Por qué es importante ofrecer soporte para temas claros y oscuros en las aplicaciones modernas?

   Respuesta:
   - Los temas claros y oscuros mejoran la accesibilidad, adaptándose a diferentes condiciones de iluminación y preferencias del usuario. También contribuyen al ahorro de energía en dispositivos con pantallas OLED.

Capítulo 6: Publicación y Distribución

1. **Pregunta:**
   - ¿Qué herramienta se recomienda para comprimir ejecutables y reducir su tamaño?

   Respuesta:
   - **UPX (Ultimate Packer for Executables)**, que utiliza algoritmos como `--lzma` para comprimir ejecutables sin afectar su funcionalidad.

2. **Pregunta:**
   - ¿Qué sistema de versionado se recomienda para aplicaciones distribuidas con Wails?

Respuesta:
- El **versionado semántico** (`Mayor.Minor.Patch`), que facilita identificar la naturaleza de los cambios realizados en cada actualización.

Sección 2: Ejercicios Prácticos

Ejercicio 1: Instalación y Configuración

1. **Enunciado:**
   - Configura un entorno con Python, Go y Wails. Crea una aplicación que imprima un mensaje en consola al iniciar y muestre un botón en el frontend que permita cerrarla.

   Solución:
   - **Backend (`main.go`):**

     ```go
     package main

     import (
         "github.com/wailsapp/wails/v2"

         "github.com/wailsapp/wails/v2/pkg/options"
     )

     func main() {
         wails.Run(&options.App{
             Title:  "Mi Primera App",
             Width:  800,
             Height: 600,
         })
     }
     ```

   - **Frontend (React):**

```
import React from 'react';

function App() {
  const cerrarApp = () => window.backend.App.Quit();
  return (
    <div>
      <h1>¡Hola desde Wails!</h1>
      <button onClick={cerrarApp}>Cerrar</button>
    </div>
  );
}

export default App;
```

Ejercicio 2: APIs Externas

1. **Enunciado:**
   - Crea una aplicación que consuma la API de OpenWeather para mostrar la temperatura actual de una ciudad ingresada por el usuario.

   Solución:
   - **Backend (`backend.py`):**

   ```
   import requests
   from flask import Flask, request, jsonify

   app = Flask(__name__)
   API_KEY = "TU_API_KEY_OPENWEATHER"

   @app.route('/api/temperatura', methods=['GET'])
   def obtener_temperatura():
       ciudad = request.args.get('ciudad')
   ```

```python
    url = f"http://api.openweathermap.org/data/2.5/weather?q={ciudad}&appid={API_KEY}&units=metric"
    respuesta = requests.get(url)
    return jsonify(respuesta.json())

if __name__ == '__main__':
    app.run(port=5000)
```

- **Frontend (React):**

```jsx
import React, { useState } from 'react';

function App() {
  const [ciudad, setCiudad] = useState('');
  const [temperatura, setTemperatura] = useState(null);

  const buscarTemperatura = async () => {
    const respuesta = await fetch(`http://localhost:5000/api/temperatura?ciudad=${ciudad}`);
    const datos = await respuesta.json();
    setTemperatura(datos.main.temp);
  };

  return (
    <div>
      <h1>Buscar Clima</h1>
      <input
        type="text"
        placeholder="Ciudad"
        value={ciudad}
        onChange={(e) => setCiudad(e.target.value)}
      />
      <button onClick={buscarTemperatura}>Buscar</button>
```

```
      {temperatura && <p>Temperatura:
{temperatura}°C</p>}
    </div>
  );
}

export default App;
```

Ejercicio 3: Diseño y Optimización

1. **Enunciado:**
   - Diseña un formulario que valide datos del usuario (nombre y email). Optimiza el proceso de validación en el backend y usa caché para evitar solicitudes repetidas.

   Solución:
   - **Backend (Go):**

     ```go
     package main

     import (
         "encoding/json"
         "net/http"
     )

     func validarUsuario(w http.ResponseWriter, r *http.Request) {
         var usuario struct {
             Nombre string `json:"nombre"`
             Email  string `json:"email"`
         }

         json.NewDecoder(r.Body).Decode(&usuario)

         if usuario.Nombre == "" || usuario.Email == "" {
     ```

```go
        http.Error(w, "Datos inválidos",
http.StatusBadRequest)
        return
    }
    w.Write([]byte("Datos válidos"))
}

func main() {
    http.HandleFunc("/validar",
validarUsuario)
    http.ListenAndServe(":8080", nil)
}
```

- **Frontend:** Implementa un formulario y lógica de caché similar al ejercicio anterior.

Conclusión

Esta autoevaluación te permite verificar tu comprensión del material y consolidar habilidades prácticas mediante ejercicios diseñados para abordar los temas clave del libro. Si lograste completar estos retos, estarás preparado para desarrollar aplicaciones robustas y profesionales con Python y Wails.

Parte 8: Recursos Finales

1. Preguntas Frecuentes

Esta sección aborda las preguntas más comunes que enfrentan los desarrolladores al trabajar con Python y Wails, desde problemas de instalación hasta estrategias para depuración y optimización. También incluye una lista de recursos útiles para continuar aprendiendo.

Instalación y Configuración: Soluciones a Errores Comunes

Error 1: `wails: command not found`

Causa:

- La CLI de Wails no está instalada o el directorio de binarios de Go no está en tu PATH.

Solución:

1. Asegúrate de haber instalado la CLI de Wails:

   ```
   go install github.com/wailsapp/wails/v2/cmd/wails@latest
   ```

2. Verifica que el directorio de binarios de Go esté en tu PATH:
   - En Linux/macOS:

     ```
     export PATH=$PATH:$(go env GOPATH)/bin
     ```

   - En Windows: Agrega `%GOPATH%\bin` a las variables de entorno.

Error 2: `WebView2 runtime is missing` (en Windows)

Causa:

- WebView2, necesario para renderizar la interfaz, no está instalado.

Solución:

1. Descarga e instala WebView2 Runtime desde: https://developer.microsoft.com/en-us/microsoft-edge/webview2/
2. Verifica la instalación ejecutando:

```
wails doctor
```

Error 3: `libwebkit2gtk-4.0-dev` no encontrado (en Linux)

Causa:

- Tu distribución de Linux no tiene instaladas las dependencias necesarias para Wails.

Solución:

1. Instala las dependencias requeridas:
    - En Debian/Ubuntu:

      ```
      sudo apt install libwebkit2gtk-4.0-dev build-essential
      ```

    - En Fedora:

      ```
      sudo dnf install webkit2gtk3-devel gcc
      ```

Error 4: `npm ERR!` al construir el frontend

Causa:

- Dependencias desactualizadas o conflictos en el entorno frontend.

Solución:

1. Limpia las dependencias y vuelve a instalarlas:

   ```
   rm -rf node_modules package-lock.json
   npm install
   ```

2. Si el error persiste, verifica que estás usando una versión de Node.js compatible (preferiblemente la LTS).

Problemas de Rendimiento y Depuración

Rendimiento lento en aplicaciones Wails

1. **Optimizar el backend:**
   - Usa goroutines en Go para manejar tareas concurrentes:

     ```go
     go func() {
         procesarDatos()
     }()
     ```

   - Minimiza la cantidad de datos enviados al frontend.

2. **Optimizar el frontend:**
   - Activa el modo de producción para compilar el frontend:

     ```
     npm run build
     ```

   - Usa herramientas como **Lighthouse** para identificar problemas de rendimiento en la interfaz.

3. **Reducir el tamaño del binario:**
   - Compila con flags de optimización:

```
go build -ldflags="-s -w"
```

Errores comunes durante la ejecución

1. La aplicación no se ejecuta después de la compilación:

- **Causa:** Archivos del frontend faltantes o no compilados.
- Solución:

   Asegúrate de construir el frontend antes de compilar:

   ```
   npm run build
   ```

2. El backend no responde:

- **Causa:** El servidor de backend puede estar bloqueado o mal configurado.
- **Solución:** Verifica el estado del backend y revisa los logs para detectar errores.

3. `panic: runtime error` en Go:

- **Causa:** Error en el manejo de punteros o índices.
- **Solución:** Usa herramientas como `go vet` y `golangci-lint` para analizar el código antes de compilar.

Recursos Adicionales y Dónde Buscar Ayuda

Documentación Oficial

1. **Python:**
   - https://docs.python.org/
     Documentación completa del lenguaje y sus bibliotecas estándar.
2. **Wails:**
   - https://wails.io/docs/
     Guías de instalación, configuración y referencia de API.
3. **Go:**
   - https://golang.org/doc/
     Guía de inicio rápido, tutoriales y documentación avanzada.

Comunidades y Foros

1. **Stack Overflow:**
   - Busca preguntas relacionadas con problemas específicos.
     Etiquetas útiles: `python`, `wails`, `golang`.
2. **Reddit:**
   - Subreddits como **r/golang**, **r/python** y **r/webdev** son excelentes para compartir dudas y obtener consejos.
3. **GitHub:**
   - Explora proyectos relacionados y abre issues en los repositorios oficiales para reportar problemas.

Cursos y Recursos de Aprendizaje

1. **Python y Go:**
   - **freeCodeCamp:** Cursos gratuitos para aprender Python y Go.
     https://www.freecodecamp.org/
2. **Desarrollo con Wails:**
   - Tutoriales en YouTube sobre el uso de Wails para crear aplicaciones modernas.
3. **Optimización de Frontend:**
   - Documentación de **Webpack** y **Vite** para mejorar el rendimiento del frontend: https://webpack.js.org/ https://vitejs.dev/

Conclusión

Los recursos finales presentados aquí son tu guía para resolver problemas, mejorar el rendimiento y continuar aprendiendo. Recuerda que la comunidad es un aliado clave: no dudes en buscar ayuda o compartir tus conocimientos.

Con esta sección, hemos concluido el libro. ¡Ahora estás listo para desarrollar aplicaciones de escritorio modernas, robustas y eficientes con Python y Wails! ●

Glosario

Este glosario reúne los términos clave utilizados a lo largo del libro, proporcionando definiciones claras y concisas para facilitar la comprensión de los conceptos principales.

A

- **API REST:**
  Acrónimo de "Interfaz de Programación de Aplicaciones Representacional". Es un estándar para la comunicación entre sistemas utilizando solicitudes HTTP como GET, POST, PUT y DELETE.

- **AWS S3:**
  Servicio de almacenamiento en la nube proporcionado por Amazon Web Services. Permite almacenar y recuperar cualquier cantidad de datos desde cualquier lugar.

- **App Store:**
  Tienda de aplicaciones oficial de Apple, utilizada para distribuir software para dispositivos iOS y macOS.

B

- **Backend:**
  Parte del software que maneja la lógica, el procesamiento de datos y la interacción con bases de datos o APIs. Es el "lado del servidor" de una aplicación.

- **Binario:**
  Archivo ejecutable compilado que contiene instrucciones entendibles por la máquina para ejecutar un programa.

C

- **CLI (Command Line Interface):**
  Interfaz que permite interactuar con programas mediante comandos escritos en una consola o terminal.

- **Compilación:**
  Proceso de traducir el código fuente escrito en un lenguaje de programación a un lenguaje que la máquina pueda ejecutar directamente.

- **Concurrencia:**
  Técnica para ejecutar múltiples tareas al mismo tiempo en un programa, mejorando la eficiencia y el rendimiento.

D

- **Desarrollo Multiplataforma:**
  Proceso de crear aplicaciones que pueden ejecutarse en diferentes sistemas operativos, como Windows, macOS y Linux, desde una base de código única.

- **DOM (Document Object Model):**
  Modelo estructural que representa el contenido de un documento HTML o XML, permitiendo su manipulación mediante JavaScript.

E

- **Electron:**
  Framework utilizado para crear aplicaciones de escritorio con tecnologías web. Es conocido por su flexibilidad, pero también por su alto consumo de recursos.

- **Ejecución en tiempo real:**
  Capacidad de una aplicación para procesar y responder a eventos o datos de forma inmediata mientras el programa está en funcionamiento.

F

- **Frontend:**
  Parte del software que interactúa directamente con el usuario, incluyendo la interfaz gráfica y las interacciones visuales. Es el "lado del cliente" de una aplicación.

G

- **Go (Golang):**
  Lenguaje de programación diseñado para la eficiencia, la concurrencia y la simplicidad. Es el lenguaje base en el que se construye el backend de aplicaciones Wails.

- **Google Maps API:**
  Interfaz de programación que permite integrar mapas interactivos y servicios de geolocalización en aplicaciones.

- **Goroutine:**
  Mecanismo de concurrencia en Go que permite ejecutar funciones de manera independiente y simultánea.

H

- **HTML (HyperText Markup Language):**
  Lenguaje estándar utilizado para estructurar y presentar contenido en la web.

I

- **IDE (Integrated Development Environment):**
  Entorno de desarrollo integrado que incluye herramientas como editores de código, depuradores y gestores de proyectos.

- **Instalador NSIS:**
  Herramienta utilizada para crear instaladores personalizados en Windows. NSIS significa "Nullsoft Scriptable Install System".

J

- **JavaScript:**
  Lenguaje de programación utilizado principalmente para crear interactividad en aplicaciones web. Es esencial en el desarrollo frontend.

L

- **Linter:**
  Herramienta que analiza el código para detectar errores de estilo o problemas potenciales antes de la ejecución.

M

- **Microsoft Store:**
  Tienda oficial de aplicaciones de Microsoft para dispositivos Windows.

- **MSIX:**
  Formato de paquete de instalación para aplicaciones Windows, diseñado para mejorar la seguridad y la experiencia del usuario.

N

- **Node.js:**
  Entorno de ejecución de JavaScript en el lado del servidor, que permite construir aplicaciones escalables y rápidas.

- **npm (Node Package Manager):**
  Gestor de paquetes para Node.js, utilizado para instalar bibliotecas y herramientas para desarrollo frontend.

P

- **pandas:**
  Biblioteca de Python utilizada para manipulación y análisis de datos.
- **Python:**
  Lenguaje de programación conocido por su simplicidad y versatilidad, utilizado para desarrollar el backend en muchas aplicaciones.

R

- **React:**
  Biblioteca de JavaScript desarrollada por Facebook, utilizada para construir interfaces de usuario basadas en componentes reutilizables.
- **Reducción de latencia:**
  Estrategias para minimizar el tiempo que toma procesar y responder a una solicitud en una aplicación.

S

- **S3 (Simple Storage Service):**
  Servicio de almacenamiento en la nube de AWS que permite guardar grandes volúmenes de datos.
- **Svelte:**
  Framework de frontend que convierte el código en JavaScript altamente optimizado durante la fase de compilación.

T

- **TailwindCSS:**
  Framework de utilidades CSS que permite diseñar interfaces rápidamente utilizando clases predefinidas.

- **Token de API:**
  Clave única utilizada para autenticar solicitudes a una API.

U

- **UPX (Ultimate Packer for Executables):**
  Herramienta de compresión para reducir el tamaño de binarios ejecutables.

- **UX (User Experience):**
  Experiencia del usuario al interactuar con una aplicación, incluyendo accesibilidad, usabilidad y diseño visual.

V

- **Virtual DOM:**
  Representación en memoria de un DOM real, utilizada por frameworks como React para optimizar actualizaciones en la interfaz de usuario.

W

- **Wails:**
  Framework que combina Go para el backend y tecnologías web para el frontend, permitiendo crear aplicaciones de escritorio ligeras y modernas.

- **WebView:**
  Componente que permite renderizar contenido web en aplicaciones de escritorio o móviles.

Z

- **Zen de Python:**
  Conjunto de principios de diseño que guían la filosofía de Python, como "La legibilidad cuenta" y "Lo simple es mejor que lo complejo".

Conclusión

Este glosario está diseñado como una referencia rápida para los términos clave utilizados en el libro. Familiarizarte con estos conceptos te ayudará a comprender mejor las herramientas y técnicas abordadas, y te preparará para aplicarlas con confianza en tus proyectos. 🎯

Recursos Útiles

Esta sección recopila enlaces a documentación oficial, tutoriales, comunidades y herramientas relevantes para desarrollar aplicaciones utilizando Python y Wails. Estos recursos están organizados por categoría para facilitar el acceso.

1. Documentación Oficial

Python

- [Documentación de Python](#):
  Guía oficial del lenguaje Python, desde conceptos básicos hasta avanzados.

- ChatterBot:
  Documentación para configurar y entrenar chatbots en Python.
- pandas:
  Manual para trabajar con análisis y manipulación de datos.

Wails

- Documentación de Wails:
  Guías completas sobre instalación, CLI, configuración y desarrollo.
- Repositorio oficial de Wails en GitHub:
  Acceso al código fuente, issues y ejemplos.

Go

- Documentación de Go:
  Recursos oficiales del lenguaje Go, incluyendo tutoriales y paquetes estándar.
- Guía de Go by Example:
  Ejemplos prácticos para aprender las características del lenguaje Go.

Frontend

- React:
  Manual oficial para construir interfaces de usuario con React.
- Vue:
  Documentación del framework progresivo Vue.
- Svelte:
  Guía para aprender Svelte y su enfoque único en la compilación de aplicaciones.

2. Tutoriales y Cursos

Desarrollo con Wails

- Creando tu primera aplicación con Wails:
  Tutorial básico para configurar tu entorno y construir tu primera aplicación.
- Video tutorial en YouTube:
  Una colección de videos prácticos para entender cómo usar Wails.

Frontend

- freeCodeCamp:
  Cursos gratuitos sobre HTML, CSS, JavaScript y frameworks frontend como React.
- Frontend Mentor:
  Desafíos prácticos para mejorar tus habilidades de diseño y desarrollo frontend.

Python

- Curso Python desde cero (CódigoFacilito):
  Cursos completos y gratuitos en español.
- Automate the Boring Stuff with Python:
  Libro gratuito que enseña Python mediante proyectos útiles.

---

3. Comunidades y Foros

General

- **Stack Overflow:**
    - Python
    - Wails

- Go
- **Reddit:**
  - r/python
  - r/golang
  - r/webdev

Grupos especializados

- **GitHub Discussions:**
  - Wails Discussions: Espacio oficial para compartir dudas y sugerencias.
- **Slack y Discord:**
  - Busca servidores dedicados a Go, Python o desarrollo web.

4. Herramientas Recomendadas

Gestores de Dependencias

- Go Modules:
  - Guía de Módulos de Go: Manejo de dependencias en proyectos Go.
- pipenv:
  - pipenv para Python: Herramienta moderna para gestionar entornos virtuales y dependencias.

Depuración

- **Delve (para Go):**
  - Delve Debugger: Depurador para Go con integración en IDEs como VS Code.
- **pdb (para Python):**

- Guía de pdb: Depurador interactivo para scripts Python.

Bibliotecas Frontend

- Material UI:
  - Material UI para React: Componentes de diseño listos para usar.
- TailwindCSS:
  - TailwindCSS: Framework CSS para diseño rápido y moderno.

5. APIs y Servicios Externos

APIs Populares

- **OpenWeather:**
  - Documentación: API gratuita para obtener datos climáticos.
- **Google Maps:**
  - Google Maps API: Servicio para integrar mapas y datos geoespaciales.
- **AWS S3:**
  - Guía de S3: Almacenamiento en la nube con ejemplos prácticos.

Manejo de Errores

- Sentry:
  - Sentry: Herramienta para monitorear y rastrear errores en tus aplicaciones.

Conclusión

Estos recursos te ayudarán a resolver problemas, profundizar en los conceptos aprendidos y mantenerte al día con las mejores prácticas en desarrollo. Si en algún momento encuentras un obstáculo, la documentación oficial y las comunidades especializadas serán tus mejores aliados. ●

Conclusión

Reflexión sobre el aprendizaje y pasos a seguir

Este libro ha sido un viaje a través del desarrollo moderno de aplicaciones de escritorio, combinando la potencia de Python con la flexibilidad de Wails. A lo largo de los capítulos, hemos explorado desde los conceptos básicos hasta la creación y distribución de proyectos completos, incluyendo prácticas avanzadas de optimización y manejo de APIs externas.

Lo que hemos aprendido:

1. **Historia y fundamentos:**
   - Entendimos cómo Python y Wails son una combinación poderosa para construir aplicaciones multiplataforma.
   - Exploramos los beneficios de usar Go como motor del backend para un rendimiento superior.
2. **Diseño de interfaces:**
   - Aprendimos los principios de diseño de interfaces modernas y cómo crear aplicaciones atractivas utilizando React, Vue o Svelte.
   - Incorporamos temas claros y oscuros para mejorar la accesibilidad y la experiencia del usuario.

3. **Integración de funcionalidades avanzadas:**
   - Creamos proyectos prácticos, como un gestor de tareas, un visualizador de datos y un chatbot local.
   - Descubrimos cómo integrar APIs externas para agregar funcionalidades robustas a nuestras aplicaciones.

4. **Publicación y distribución:**
   - Aprendimos a empaquetar nuestras aplicaciones para Windows, macOS y Linux.
   - Aplicamos técnicas de optimización para reducir el tamaño del binario y mejorar el rendimiento.

5. **Retos y autoevaluación:**
   - Consolidamos nuestro aprendizaje con ejercicios prácticos y autoevaluaciones que abarcaron todo el contenido del libro.

Inspiración para proyectos futuros

Ahora que tienes una base sólida, el camino está abierto para explorar proyectos más ambiciosos y creativos. Aquí tienes algunas ideas para inspirarte:

1. **Aplicaciones de productividad:**
   - Un gestor de hábitos que envíe recordatorios y analice el progreso del usuario.
   - Una herramienta de organización personal con integración de calendario.

2. **Aplicaciones de visualización de datos:**
   - Un dashboard de análisis financiero que permita a los usuarios visualizar sus gastos e ingresos.
   - Un sistema de monitoreo en tiempo real para sensores IoT, como temperatura y humedad.

3. **Aplicaciones para pequeñas empresas:**
   - Un sistema de inventario con gestión de usuarios y reportes de ventas.
   - Una aplicación para reservas y citas, integrada con notificaciones por correo electrónico.
4. **Experiencias interactivas:**
   - Un simulador educativo que use gráficos interactivos para enseñar conceptos matemáticos o científicos.
   - Un juego de escritorio sencillo, con un backend para guardar puntuaciones y datos de usuarios.
5. **Automatización local:**
   - Un asistente personal que controle dispositivos inteligentes en casa.
   - Un programa para gestionar y organizar fotos y archivos multimedia.

El siguiente paso: Evolución constante

El desarrollo de software es un campo en constante cambio, y siempre hay nuevas tecnologías y herramientas que explorar. Aquí hay algunos pasos que puedes seguir para continuar creciendo como desarrollador:

1. **Profundiza en nuevas herramientas:**
   - Aprende más sobre bibliotecas y frameworks avanzados en frontend, como Next.js o Angular.
   - Explora lenguajes y tecnologías emergentes, como Rust para aplicaciones de alto rendimiento.
2. **Participa en comunidades:**
   - Contribuye a proyectos de código abierto en GitHub.

- Únete a foros y grupos de discusión para compartir tus experiencias y aprender de otros.

3. **Aplica tus conocimientos en el mundo real:**
   - Crea aplicaciones para resolver problemas específicos en tu entorno personal o laboral.
   - Ofrece tus servicios como desarrollador freelance o colabora en startups tecnológicas.

4. **Nunca dejes de aprender:**
   - Suscríbete a blogs, canales de YouTube y cursos en línea para estar al día con las tendencias tecnológicas.
   - Participa en hackatones para desafiar tus habilidades y colaborar con otros desarrolladores.

Una invitación final

El conocimiento adquirido en este libro es solo el comienzo. Ahora tienes las herramientas para crear aplicaciones útiles, elegantes y modernas que puedan marcar la diferencia. Cada proyecto que emprendas será una oportunidad para crecer y perfeccionar tus habilidades.

¡Atrévete a construir algo increíble y comparte tus creaciones con el mundo! ●

Agradecimientos

Este libro no habría sido posible sin el apoyo, la inspiración y las contribuciones de muchas personas y comunidades. A continuación, expreso mi más sincero agradecimiento a quienes han hecho este proyecto una realidad.

A los colaboradores

- A los desarrolladores y usuarios de **Wails**, quienes han creado y mantenido un framework innovador que combina simplicidad y rendimiento, permitiendo que las aplicaciones de escritorio sean más accesibles para los desarrolladores modernos.
- A la comunidad de **Python**, que ha dado forma a uno de los lenguajes más versátiles y acogedores para programadores de todos los niveles.
- A los ingenieros detrás de **Go**, quienes han desarrollado un lenguaje robusto y eficiente que impulsa el rendimiento de muchas de las aplicaciones modernas descritas en este libro.

A las comunidades

- A **GitHub** y las plataformas de código abierto, que no solo alojan los proyectos fundamentales para el desarrollo descrito aquí, sino que también fomentan la colaboración global.
- A los foros como **Stack Overflow**, **Reddit** y los grupos de Discord, donde desarrolladores de todo el mundo comparten conocimientos, resuelven problemas y promueven el aprendizaje continuo.
- A los autores de tutoriales, blogs y videos que han ayudado a muchos (incluyéndome) a entender tecnologías complejas con claridad y paciencia.

A las tecnologías destacadas

- **React, Vue y Svelte**, por ofrecer herramientas que permiten diseñar interfaces de usuario modernas y hermosas.
- **Material UI** y **TailwindCSS**, por simplificar el diseño de componentes y proporcionar interfaces visualmente impactantes con facilidad.
- **AWS**, **Google Maps API** y otras plataformas de servicios en la nube, que permiten agregar funcionalidades avanzadas a las aplicaciones sin reinventar la rueda.
- **UPX** y **NSIS**, por hacer que la distribución de aplicaciones sea eficiente y profesional.

A los lectores

Finalmente, mi mayor agradecimiento es para ti, lector, que has dedicado tu tiempo y esfuerzo para explorar este libro. Espero que los conceptos y ejemplos aquí presentados te inspiren a construir aplicaciones innovadoras y resolver problemas de maneras creativas. Tu curiosidad y deseo de aprender son el motor que impulsa el desarrollo tecnológico.

Gracias por ser parte de este viaje. ¡El futuro del desarrollo está en tus manos! ●

Fin.

www.ingramcontent.com/pod-product-compliance
Lightning Source LLC
Chambersburg PA
CBHW071027240526
45469CB00006BD/2127